全部叶う「新しい私」の教科書

潜在意識とつながる超実践法

現実主義スピリチュアルカウンセラー
KIKO

大和書房

はじめに
潜在意識は完全にあなたの味方

この本を手にとってくださって、どうもありがとうございます。私は現実主義スピリチュアルカウンセラーとしてＹｏｕＴｕｂｅやＳＮＳなどで活動しているＫＩＫＯと申します。今回は、よく動画などでも紹介していて、読者さんからのご質問も多い「潜在意識と向き合うことで目の前の現実を変えていくこと」をテーマにしました。

ご存じの方も多いと思いますが、私たちには、普段生活しているときに使っている意識＝顕在意識とは別に、潜在意識が存在しています。日常生活では顕在意識が優位なので、その存在を感じることはあまりありませんが、**実は潜在意識こそが私たちの人生で起きている、いろんな出来事を起こしているのです。**潜在意識は一人ひとりそれぞれが持っているもので、過去にあなたが望んださまざまなことが保存されています。あなたの潜在意識は完全にあなたの味方であり、いつもあなたを守ってくれていますが、あなたの願いが時と共に変化することで、顕在意識の望みと潜在意識に保存されている望みの不一致が生じて、現実が思うように運ばないということが出てきます。この本では、そこを一致させるために、潜在意識の望みの書き換えを軸に、課題ごとにいろいろな例を出しながら、あなたの願望が実現するようにサポートできればと思っています。

具体的には、最初に潜在意識とはどういう性質のものなのか、ということを説明していき、2章では、お悩みとして多いものをピックアップしていきます。願望実現の壁になっている潜在意識の中にある『ブロック』を『掘り下げ』によって探し出し、外していく方法、それを仕上げる『バンジー』について提案していきます。3章ではバンジー後に表れる、ネガティブ感情をクリアにする方法を紹介します。4章は、ほぼブロックが外れ、潜在意識の書き換えが終わったような段階での願いが、どうすればより叶いやすいかについて書いていきます。

この仕事を始めてから、いろんな相談者さんに会ってきましたが、潜在意識の力の凄さを感じることは本当によくあります。たとえば、「もっと稼ぎたい」と相談に来られた女性の方は、何時間もかけて掘り下げを行った結果、最終的には「パートナーが欲しい」という願望に気づきました。「もっと稼ぎたい」という願望は「私は生涯一人かもしれないからたくさんお金を稼がないといけない」という気持ちが背景にあったからでした。そこで「じゃあお金さえあれば安心できる？」と自分に問いかけたところ「いや、パートナーがいればお金はそれほど……」という気持ちが出てきて、自分でも「えっ⁉ 私ってパートナーが欲しかったの⁉」と驚かれていました。

1か月後に会ったその方は、ファッションや髪型だけでなく、もう佇まいやオーラがまったく違っていました。そして驚いたことには「結婚します！」という報告を受けたのです。きっと、パートナーを得て安心したい、という潜在意識にあった自分の気持ちを許可できたこと、それに気づいて認めることで大きく現実が変わっていったんだと思います。結婚に限らず、生活のためと嫌々仕事をしていた方が、天職に出会って仕事が生きがいになったり、シングルマザーで大変だった方が、自由に世界中を飛び回りながら稼げるようになったりと、潜在意識の現実を変える力は計り知れないと感じています。

本書で紹介していることを通じて、あなたが抱えている悩みや課題がベストな形で解決され、夢や願望がどんどん叶いだすサイクルに入っていってもらえれば、こんなに嬉しいことはありません。自分では思いもよらなかった気持ちや願いが出てくることもあると思いますが、あなたが「新しいあなた」になる第一歩として、この本をぜひご活用いただければと思います。

ＫＩＫＯ

CONTENTS

CHAPTER 2

お悩み別『ブロック』と『バンジー』

CHAPTER 3 ネガティブ感情の乗り越え方

CHAPTER 4

願いを叶えやすくするために

CHAPTER 1

潜在意識の基本

悩みと潜在意識の深い関係

あなたがいま何か問題を抱えていたり、うまくいかないことがあったりした場合、「潜在意識が関係ありますか？」と聞かれたら、答えはイエスです。潜在意識にいつでも解決の糸口があります。

いくつか例を挙げてみたいと思います。1つは**潜在意識へのオーダーミス。**「Ａｍａｚｏｎにクリアファイルを注文したのにバインダーが届いた！　これじゃないのに！」と怒っているけれど、注文履歴を見てみると、本人が間違って注文していた、こういうことってありますよね。これと似たようなことが顕在意識と潜在意識の間でも発生しています。Ａｍａｚｏｎ自体は、どんなものでも注文通りに送ってくれるのに、発注主が注文ミスをしている、というような状況。顕在意識で望んでいることとは違うことが、潜在意識にオーダーされている状態です。

次は、**課題とは別の潜在意識が邪魔をしているケース。**たとえば「恋愛したいけれどいい人がいません」というお悩みだとします。その方が「過去の恋人に暴力をふるわれた」とか「両親の不仲で結婚や恋愛にいいイメージを持てない」というふうな場合は、潜在意識では「恋愛をしないほうが安全だ」と思っています。こういう場合は、潜在意識の書き換えをしないと、どれだけ出会いの場に行こうが、パートナーに出会えません。ですが、そういう潜在意識による制限はなくて、異性とのコミュニケーションも上手で恋愛ベタではない人の場合、話を聞いていると「そもそも出会いの場を避けていますよね？」という、思いもよらないところの障壁が出てくることがあります。「なんでそんなに人と関わりたくないんですか？」というところを一緒に掘り下げていくと、また別の潜在意識の問題が出てきたりするんです。

３つめは、**実は悩みは解決しているというケース。**潜在意識には問題がなくて、ものごとはうまく運んでいるけれどタイミングが今ではない、というケースもあります。たとえば、商品の企画をしている人がいたとして、なんとか会議を通して春から商品を製作し、秋には販売したいと考えていたとします。でも、いいと思っているのに、なぜか社内で通らなかったり、いい工場が見つからなかったりして思うようにことが運ばないということは、ままあると思います。本人としては、何も潜在意識にブロックは思い当たらず、いい企画なのにさっぱり解せない、と思っていたとしても、潜在意識では「秋より真冬のほうがいい」「もうすぐ一番いい工場が見つかる」ということを知っているということがあります（潜在意識は未来のことまでわかっています）。そういうふうに、ベストな状態にするために、潜在意識のほうで物事を止めている、というケースもあるんです。だからこの場合は、足踏み状態・うまくいかない状態に見えているだけで、願いはちゃんと叶っています。それは後にならないと分からないことです。早く叶えば叶うほどいい、と思うかもしれませんが、叶うタイミングすらも完璧だから大丈夫、というふうに思えると、少し気もラクになるのではないでしょうか。

KIKO'S TIPS

願いが実現しない理由は潜在意識と顕在意識の不一致

潜在意識を理解する5か条

ここでは、潜在意識がどういうものか、イメージしやすいようにいろんな方向から潜在意識の性格について見ていきたいと思います。

①潜在意識がほとんどすべての出来事を決めている

顕在意識（普段私たちが生活の中で使っている意識）は意識全体の中の3〜5％、ものすごい天才と言われる人でも10％くらいというふうに言われていて、95％以上の普段意識できていない潜在意識のほうが、現実をつくっていると言われています。潜在意識と顕在意識の境目には「クリティカルファクター」と呼ばれる層がありますが、これは普段ロックされていて、潜在意識と顕在意識は交じり合うことなく別のものとして存在しています。

私たちは日頃、何でも自分で決めているように錯覚しがちですが、自分で自覚的に決められていることは、実はほんのわずか。本当の意味で人生や現実、起こる出来事にアプローチしようとするなら、潜在意識に向き合うことが一番の近道です。

②潜在意識は完全にあなたの味方

「潜在意識を書き換えよう」といった言い方をされることも多いので、なんとなく悪者のような、現実を邪魔しているもののような存在として認識している方もいらっしゃるかもしれません。

まずお伝えしたいのは、「潜在意識は完全にあなたの味方」だということ。さらに言えば、潜在意識にいいも悪いもなくて、常にあなたの願いを叶えようとしてくれている存在です。『ブロック』に関しても、なんとなく語感的にネガティブなものと捉えている人もいるかもしれませんが、あなたの願いを阻害しているように見えるブロックも、基本はあなたの願いを叶えてくれていて、そして守ってくれているものです。

たとえば、「人前に出るのが怖い」というブロックって、裏を返せば「人前で恥をかきたくない」というあなたの願望を叶えてくれているだけだったりします。だ

※ブロックの大きさや数は個人差があり、
それぞれ異なります。

から、ブロックが意図を持って、あなたの何かを邪魔しようという、ネガティブな側面は一切ありません。これまでは人前で恥をかきたくないから、「人前に出るのが怖いブロック」を発動することで、恥をかかずに済んできていました。ですが、日々の中で顕在意識が「私はやっぱり人前に出たいんだ！」となったときに、元々あった「人前に出るのが怖いブロック」が、結果的に邪魔になる、というだけの話なんです。

③直感は潜在意識からのお知らせ

「そのときなぜか、いつもと違う道で行こうと思って回り道したら、たまたま寄った店で探していたものを見つけた」

「本当は明日の予定だったけど、気分が変わって急遽《きゅうきょ》今日美術館に出かけたら、久しぶりにばったり◯◯さんに会えた」

　こういうことってありますよね。理由は分からないけれど、なんだかそんな気がすると思うこと、またシンクロニシティのような現象。そのときの「なぜか分からないけれど」という感覚は、潜在意識からのお知らせです。前回、私は守護霊さんの本（『マンガでわかるハイパー守護霊さんが教えてくれた覚醒するための30のルール』ＫＡＤＯＫＡＷＡ刊）を刊行したのですが、自分の守護霊さんからメッセージを受け取れるようになりたい、というご相談をたくさんいただきました。守護霊さんとあなたがつながれない場合、潜在意識はその状況をわかっているので、別の形でヒントを与えてくれているのです。それはこのような直感に限らず、周囲の人からの助言や、たまたま雑誌で目にした記事の中にヒントがあるということもあります。

④潜在意識のちょうどいい出力の割合は5％？

思った通りにいかないことの多くは、顕在意識と潜在意識の不一致で起こります。逆に言うと、顕在意識と潜在意識が完全に一致していれば、すごいスピードでいろいろな願いは叶うでしょう。

ただ、完全にそれをできる人はほとんどいないと言っていいと思います。潜在意識のパワーって本当にすさまじいので、その出力は１００％のうち５％くらいでちようどいい、と言われています。なぜなら潜在意識と１００％つながってしまったら、ちょっと感情的になって口走ったことまで全部叶ってしまうから。考えてみると恐ろしいですよね。

また、ブロックを外すときには潜在意識を書き換えることになりますが、その人の潜在意識が丸ごと全部書き換わるわけではなく、全体の中の数％くらいの書き換え、とイメージしてみてください。潜在意識って、私のイメージでは本当にいろんなテーマがあふれている国のようになっていて、その時々の課題に応じて、部分部分が書き換わっていくような感じです。そして、それは一生を通じて発展して、豊かになっていきます。なので、「掘り下げをして潜在意識と向き合う」と言うと、壮大な話に聞こえるかもしれませんが、潜在意識という大きな国の中の、今日はこの街の道路を整えてみる、くらいにピンポイントで少しずつ変えていくイメージです。

⑤潜在意識にブロックが生まれるとき

ひとりの人の中にもいろいろなブロックがあります。多くは幼少期に生まれたものがほとんどです。

たとえば、小さい頃にお母さんを喜ばせようと思って料理を手伝ったら、包丁で指を切ってしまって、心配したお母さんにすごく怒られたとします。そうすると怒られた悲しみを心で感じて、次に、そこから得た学びが潜在意識に入っていきます。潜在意識は学習装置でもあるので「お手伝いをしたらお母さんに怒られる」→「お手伝いはしてはいけない」→「人助けをすると人を悲しませる」のように普遍化されて、深く潜在意識に入っていきます。そこで最後に「お母さんを悲しませたくないし、私も傷つきたくないから、もうお手伝いはやらない」さらには「もう誰も助けない」というふうに設定したこと＝ブロックになります。

つまり、潜在意識としては「悲しませたくないし、悲しみたくない、という望みを叶えましょう」というわけなんです。潜在意識は入ってきたものを判断したり、軌道修正したりすることはせず、そのまま受け取って形成していきます。幼少期のお手伝いひとつでブロックがひとつできると思うと、人によって多い少ないはあるかもしれませんが、ブロックが全くないという人はいません。

ちなみに「ブロック」というものが潜在意識と別のものとして存在しているとい

うわけではなく、潜在意識の中にブロックがあると考えてください。潜在意識の一種で、あなたの望みを叶えてくれているものでもあるけれど、あなたの望みが変わったときには、新しい望みとこれまでのブロックの折り合いが悪くなるので、お別れしたほうが願いが叶うというようなイメージです。

KIKO'S TIPS

潜在意識は
あなたの望みを叶える学習装置

潜在意識を書き換えるとは？

この本を読んでくださっている方は自分を変えたい、または目の前の現実を変えたいというふうに切実に思っている方だと思います。掘り下げをして、願いを叶えるために妨げになっているブロックを見つける、バンジーを飛んで完全に潜在意識を書き換える、というステップが一番早い方法だと考えています。

①『掘り下げ』でブロックに気づく

何かネガティブな感情を抱いたときは、『掘り下げ』のチャンスです。

ひとつの出来事をきっかけに、そのときの感情を「なぜ？」「どうして？」を繰り返して、自分の素直な気持ちを出していくことを『掘り下げ』と言っています。文字通り、顕在意識から潜在意識に深く下がっていくようなイメージです。ただ、その掘り下げ方が浅いと、顕在意識から少し下がっただけで潜在意識まで到達できないので、掘り下げをやるときは本当の本音が出るまで徹底的にやります。またこのときは、本当にあなたが思っている正直な気持ちを出すことが、何より大事なので、「こう思っちゃいけない」「こんなこと思うとあの人に悪い」というふうに変に遠慮したり、いい人でいようとしたりすることは、絶対に避けましょう。

②『ブロック』を外す

たとえば、「我慢」に関する『ブロック』を外せたとすれば、あなたの日常生活の中の、あらゆる我慢がなくなります。このブロックの外れかたも、課題によってさまざまで、大きな蓋のようなかたまりがポコッと取れるようにすっきり外せるものもあれば、時間をかけてじわじわと溶けていくようになくなるものもあります。1回でかなり大きく外せる場合もありますし、何回も取り組みが必要なものもあります。ブロックを外すことによって、物事の捉え方や視点がものすごく大きく変わるので、それによって過去を癒すこともできます。

③潜在意識の書き換えの過渡期

心に留めておいていただきたいのが、一度ブロックを外せても、それで即完了とはならないということ。

昔ながらのラジオのチューニングを思い浮かべてみてください。チャンネルを合わせているとき、Ａのラジオ局とＢのラジオ局の音声が混ざることがありますよね？ まさにそんな感じで、ブロック外しをしているときは、『今までの私』と『新しい私』が拮抗《きっこう》している状態です。さっきの「人前に出るのが怖い」の例で言えば、『新しい私』は「よし、これからは少しずつ人前に出よう……」と思っていても、『今までの私』のクセが発動して、「本当にいいの？ 恥かいちゃうかもしれないよ？」とあなたを守ろうとしてくれるのです。そう、邪魔しようとしているのではなく、あなたの状態に応じて、守ろうとしてくれるのです。その拮抗しているときが、一番の踏ん張りどきだといえるかもしれません。あなたが腹を決めて、「それでも変わりたい、何があっても大丈夫！」と言えるくらいに『新しい私』へフォーカスできれば、ブロックは素直に旅立っていきます。だからこそ、ブロックを手放すとき、ゴミみたいに扱うのではなく、「これまで守ってくれてありがとう」と感謝して別れることを意識しています。

④ブロックを一気に外すために必要な『バンジー』

『バンジー』というのは、今までブロックのせいで、怖くてできなかったことにチャレンジすること。バンジージャンプを飛ぶくらい勇気がいることなので、私はそう呼んでいます。なぜバンジーがブロックを外すのに一番効果的かというと、潜在意識が一気に変わるのは「体験」したときだからです。実際に体験して、頭ではなく身体で「恐れていたことは起こらなかった」「怖がらなくていいんだ」と気づくことで、一気に書き換えが起こるのです。

ただもちろん例外もあって、ブロックに気づくだけで、ブロックが外れる場合もあります。また、本人が「今は無理」と考えるなら、無理にやる必要はありません。その人の段階に合ったバンジーをすることが大事で、行動することが後押しになる場合もあれば、ブロックをきちんと認めることをしていないのに、強がって行動ばかりをやりすぎたせいで、余計にブロックが強化されてしまうというケースもあります。そうならないために、必ず掘り下げをして、深いところから出てきたあなたの大切な「本当の気持ち」に寄り添ってあげましょう。バンジーはその次のステップですることが重要です。

KIKO'S TIPS

**段階を踏んで
書き換えを進めることが大切**

潜在意識に関する私の体験
仕事が大きく実りだした書き換え

潜在意識について一通りご紹介したので、ここでは、その凄さを感じた私自身の体験談について、書いてみようと思います。これまでいろいろな掘り下げ、バンジーをしてきましたが、一番効果が大きかったのは、母との関係のアップデートでした。

私は、ものすごく厳しく育てられたこともあって、母とは仲が悪いと思っていました。「本当は子どもなんていらなかったんだろうな」「愛されてないんだろうな」という、勘違いや思い込みがものすごく大きくありました。私に対しての暴言がひどかった時期もあり、「私のことなんて嫌いなんだ」というふうに思っていました。

母が子育てセミナーに行ったりしていても、ＰＴＡなどの役員をやって周囲から「いいお母さんだね」なんて言われても（今思えば、かなり子どものために時間をかけてくれていたなと思います)、「家ではあんなにひどい母親なのに、いいお母さんぶって!」と感じていたのです。

大人になって離れて暮らすようになり、母親とは全く関係のない問題と向き合って掘り下げていると、いつも奥から「私はどうせ愛されない」という気持ちが出てくるのです。その大元ってなんだろう、と探っていくと、それが母との関係が元になっていることがたくさんありました。その過去の記憶を癒そうと、いろいろなことを思い出していました。

お母さん、一日三食絶対つくってくれる人だったなぁ。社会人になってもお弁当つくってくれたなぁ……。いや、でもきっと買うのもったいないから節約精神からやっていただけかもしれない。

お母さん、料理教室すごい行ってたなぁ……。でも自分が食べるのが好きだからだよね、きっと私のためにじゃない。

新しい見方をしようとする私と、昔の傷ついた私のシーソーゲームが始まります。

どちらの現実を信じるのか？　つまり、思い込みを書き換えるのかどうするか、試されているときにこういう思考が生まれます。

「でも、もし、万が一私を本当に愛してくれていたとしたら？」

こういうときは、そうだったらいいなと思うほうを仮にでも信じてみることにしています。すると、そうした母親の言動の、いろんなことの辻褄が一気に合ってしまったのです。ものすごく不器用な母が注げる、最大の愛情表現として、料理をはじめ、あれだけいろいろやってくれていたんだ、と感じた瞬間には、涙が止まりませんでした。それまでは大前提として、「私は母から嫌われていた」というのがあったので、「どうやったらあんなひどい親を許せるのか」という方向で親を理解しようと頑張っていたのですが、それが全部ひっくり返りました。「愛されていたんだ！」と気づいたときの衝撃は、本当に大きなものでした。大げさではなく、生きる上での前提が変わるのです。「私はどうせ親にすら愛されていないし、味方はいないんだから、自分で頑張らないと」と思っていたので、「愛されていたことに気づけず、ごめんなさい」という気持ちに変わりました。「どれだけありがたいことだったんだろう」という感謝の気持ちと共に、「自分は愛される価値のある人間なんだ」と思えたことで、生きることへの安心感が大きくなりました。

そんなふうに、一段階、自分の中でのブロックが外れかけているとき、スピリチュアルカウンセラーの友人に、母との関係を見てもらったことがありました。すると、とても予想外な答えが返ってきました。「お母さんはあなたのことを、とんでもなく溺愛してるよ」と言うのです。「愛されていたのかも」とは思えていましたが、まさか「溺愛」されていたなんて！　そのときの経験から、私はまた一段階、自分が愛されていたことに確信を持ちました。母は不器用で、子育ての全部が「叱る」とか「ちゃんと育てる」という方向にいっていたのだと思います。不器用ゆえに直接的な愛情表現はできないけれど、それを毎日のごはんづくりや、保護者の活動などでやってくれていたのか、と腑に落ちました。

そういったことで、だいぶ私の中でのブロックが外れた頃、本当に潜在意識がアップデートされているかのお試しとして、バンジーをする機会がやってきました。内容は「母からお金を借りる」というものです。

当時、金銭的にかなり苦しい状況ではあったものの、頼るのが苦手ないつもの私なら、まだ自分で頑張ろうとするレベルでした。だからこそ、余計にこのバンジーはやりたくない気持ちが強かったのです。大人になってから、お金を借りたことなんてありませんでしたし、お金に厳しい母が、簡単に貸してくれるとも思えませんでした。また拒否されて、昔のようにひどく怒られたら……とトラウマがよぎりました。ドキドキしながらメールでお金を貸してほしい旨を告げると、「借用書を書いてもらうよ」と、ぶっきらぼうな返答に、「拒否はされなかった」という気持ちと「やっぱり心配したり、何があったかは聞いてくれないんだ」という気持ちが入り交じりました。不安な気持ちで実家に行くと、お金の入った封筒が、既にテーブルの上にそっと置いてありました。母はなんでもないように、「そこに置いておいたよ」とだけ言って、封筒の中を見てみると、お願いした額より多めのお金が入っていました。私が「まだ借用書書いてないよ」と言うと「そんなのいらないよ、困ってるんでしょ、持って行きなさい」と。このやりとりで、私の母に対してのブロックが大きく外れました（根深いブロックだったのでその後も完全に書き換わるまで何回も母へのバンジーはしています）。

不思議なことにこの出来事の次の日から一気に仕事のオファーが舞い込み、結局借りたお金は1円も使わず返すことができました。数か月後には、ＹｏｕＴｕｂｅの登録者数が一気に増えて、収入が10倍になりました。自分の中で一番大きいブロックだったので、時間も回数もかかりましたが、本当に人生が変わった、すごくインパクトのある体験でした。

一見、「ＹｏｕＴｕｂｅの登録者数と、母との関係に何の因果関係が？」と思う方もいらっしゃるかもしれません。私の場合は、人前に出て表現することが、とにかく自分にとって困難なことだったのですが、それは、私自身が「誰からも愛されてない」というブロックを強く持っているせいで、人前に出ることで「もしかしたら傷つくことを言われちゃうかもしれない」「メンタルがボロボロになっても誰も助けてくれないかもしれない」という恐怖感が、無意識にあったからだと思います。実際、恐る恐る動画を撮っていた時期、動画の再生回数は全然伸びませんでした。**潜在意識が人前に出ていくことを本当の意味では許可していなかったのでしょう。**母との関係の見直しで「親からは愛されている、一番近くに、絶対的な味方がいる」「身近な人が、いざというときは守ってくれる」と本当の意味で思えたから、以前と違う心境で、きちんと前に出ていこうと思えたし、それがちゃんと結果に結びついたのだと思っています。

KIKO'S TIPS

潜在意識のアップデートが現実を劇的に変える

CHAPTER 2

お悩み別
『ブロック』と『バンジー』

掘り下げポイントを探す ～ヒントは身体の反応

ここからは、実際にそれぞれのテーマの『ブロック』や、ブロックを外すための提案をしていきたいと思います。ネガティブな感情を取っかかりにして『**掘り下げ**』をしてみてください、とお伝えしていますが、どこから手をつけていいか分からないという人もいると思います。

次にある例文を読んでみて、口にしたときにモヤモヤしたり、イラッとしたり、ズキンとするなど、何かしら**心や身体感覚が反応したところ**にはブロックがあるので、そこから読み始めてみてください。身体の反応は正確なので、そこにブロックがなければ何も感じませんが、ブロックがあれば、敏感に反応するはずです。ぜひ自分の内側に意識を向けながら声に出して一文ずつ読み上げてみましょう。

・私には価値がありません。

・私は人より劣っています。
・私は誰からも愛されません。
・私は隠れていないといけません。
・私は人に認められません。
・私は大切にされない存在です。
・私は私が嫌いです。
・私は年をとっています。
・私はパートナーが嫌いです。
・私はパートナーから愛されていません。
・私は父が嫌いです。
・私は母が嫌いです。
・私は誰と付き合ってもうまくいきません。
・私は結婚できません。
・私はいつも我慢してきました。
・私はみにくいです。

・私は何のとりえもありません。
・私はどうせ失敗します。
・私はダメな妻（夫）です。
・私はダメな母（父）です。
・私はいつも完璧でなければいけません。
・私はひとりぼっちです。
・私はお金がありません。
・私は○○さん（嫌いな人の名前を入れてください）に実は嫉妬しています。

ここで何か反応が出たときに、「あなたがどう感じたか」が大事です。「私はお金がありません」にドキッとしたのであれば、なぜそう思ったのか、自分に聞いてみます。そこで仮に「貯金がないから」と出たら、そこからさらに続けて「なぜ貯金がないの？」と聞いてみて、「最近人に言えないくらいエステにつぎ込みすぎているから」というのが出てきたとします。そのときに注意してほしいのが、「周りはきちんと節約したり、家計簿をつけたりしてるのに、私は本当に愚か」というふうに、自分を否定することは絶対NGだということ。淡々と自分にインタビューしていくように「どうしてそんなに美容にお金を使うの？」と聞いて「結婚するつもりだった恋人と別れて、これから婚活するならせめてお金をかけないと、こんな私が選ばれるはずない」と出てきたりします。入り口はお金だけれど、掘り下げていって、他のテーマのブロックに行きつくということもあれば、お金のさらに深い本質的な悩みにたどりつく場合もあります。いずれにせよ、ネガティブ感情は問題を解決するための、最初の入り口。敏感にその感情の変化をキャッチしましょう。

KIKO'S TIPS

**見て見ぬふりをしている
ブロックをあぶり出すことが大事**

私のバンジー体験
〜本音を出して自分の価値に気づく

掘り下げをして、ブロックに気づいた時点でだいぶ外れる、というものもありますが、それだけでは、すべてが完全にアップデート完了とはいきません。『バンジー』をして、現実でしっかり腹落ちすることで、新しい自分にアップデートできます。現実での体験・体感をもって潜在意識の書き換えが完全に完了するので、バンジーは自らそれを引き起こす、いわばブロック解除のショートカットツールだと私は考えています。

ここでは、バンジーをイメージしてもらいやすいように、少し私のバンジー体験をお伝えしたいと思います。自分の内面と対外的な自分に相当ズレが出てきてしまって、苦しさを感じていた頃、毎日バンジーをしていました。それは「とにかく本当の自分を知りたい！」「本気で自分を変えてみたい！」と強烈に思っていたからでした。

掘り下げをしてブロックに気づく中で「私はこういう人だから」と決めつけているからできないこと、「キャラじゃないから無理」と思っていることがたくさんあるな、と感じました。そこで、決めつけることなく、苦手なことこそやってみようと思ったのが発端です。「やりたくない」と思っていることも、常識から外れるのが怖いからでは？　親から刷り込まれていただけでは？　と本当に嫌なのか疑ってみようと思いました。元来、私はルールを守ることに固執するタイプでしたし、まずは行動するというよりは、考えに考えるタイプだったのですが、そんな私が考え抜いた結果、「やってみないことには分からない」という結論になりました。でも実際のところ、気持ちとしては怖くて仕方ない、けれど**思考を止めて飛び込むしかない**、そんな感覚がバンジージャンプと一致したこともあり、それ以降、何かあるごとに自分に「怖いことほど、とにかくやること」としてバンジーを続けてきました。

最初のバンジーは何だったかというと、「親しい関係の人に怒る」ということです。それまでの私は、愛想がよくて嫌われることがないように親しい人でも怒りを出さずに、合わせるタイプでした。心が広いわけでも優しいわけでもなく、内心はただ、怒りを抑えていただけでした。そこで嫌なことは嫌と言ってみよう、というところからスタートしました。とあることで友人に思うところがあり、いつもなら飲み込んでいたことをそのときは意を決して「そういうのは嫌だ」とＬＩＮＥを送りました。手が震えるほどドキドキしながら送信ボタンを押したのですが、結果、その友人には「初めてそういうふうに本音を言ってくれたよね！」と、とても喜ばれました。怒って喜ばれることがあるだなんて思ってもみなかったので、それは私のブロックが外れる大きな体験でした。

　そこからしばらくは、本音を出して怒ってみる、というバンジーを続けました。不思議なもので、怒るバンジーを続けていると、怒ること自体への恐怖感は少しずつ薄れていくのですが、怒る相手のレベルが上がってくるのです。最初は友人や家族といった、そうはいっても言いやすい相手だったのが、だんだん同僚や上司、最終的には当時のビジネスパートナーの社長さんというところまでいきました。

　こんなこと言って、私の仕事や生活はどうなってしまうんだろう……と思いながらもやってみるのです。そのときは最悪の場合は解雇されるかも、という気持ちだったのに、結果はなんと、逆にお給料が上がるという体験をしました。そのとき、「お給料上げるから、会社にいてくれないと困るよ」と言ってもらって、自分はこんなに評価されていたのかと、そのときに初めて分かりました。バンジーをしなければ、それにも気づけなかったでしょうし、それ以降自分の価値を受け取れるようになったと思います。

この本の中でもいろいろなバンジーを紹介しますが、**必ずしもあなたにとって「一番嫌なこと」をしなければならないというわけではありません。**ほんの少しでも「嫌だな」と感じることであれば、それは全て、バンジーをやってみる価値があります。もちろん嫌なことほど、やってみるとバンジーの効果は大きくなりますが、あまりにも難易度が高いと、苦しくなってしまうこともあると思います。なので、嫌は嫌だけどなんとか頑張ればいけるかな、くらいのところからスタートするのがおすすめです。

「とにかく自分を変えたい」と思っている人は、今までの自分を、本当にもう全部疑ってかかるくらいのところから始めてみましょう。「本当に好きで好きで仕方ない」ということ以外は、本当は好きではないかもしれないと仮定してみるのです。「たしかに好きなことだけど、この時間にやるのは苦痛だな」とか「やりたいことだけど、毎日やるのは嫌だな」とか出てくることがあれば、それを全部、書き出していってください。日常の中で、無意識に行動していることが、意外とたくさんあります。そういう行動を、「本当に好きでやっている？」と一つひとつ点検する視点で見直してみましょう。そこでできた「好きなことリスト」や「嫌なことリスト」は、掘り下げやバンジーをするときのあなたの足掛かりになってくれます。

KIKO'S TIPS

少しでも嫌なことは全部バンジーの対象！

お金のブロック～不快な感情がヒントになる

お金のブロックにはいろいろなパターンのブロックがあるので、代表的なものをひとつずつ見ていきたいと思います。言われてみれば、これ私もそうかも、と思ったらブロックが潜んでいる可能性があります。

・「そもそも自分はお金と縁がない人」というブロック

あるとき、30万円ほど借金があって困っているという相談者さんがいました。あなただったらどう考えるでしょうか？　リアルに想像してみてください。

ブロックが強い人は、お金がない状態や、稼げない状態が当たり前なので、「今でさえカツカツなのに、そんなお金用意できるわけがない」という方向に思考が流れていきがちです。ブロックが強いと、完済後の「返せた！」という解放感がイメージできず、「返すなんて私には無理」と決めつけてしまって、その状況から抜け出しにくくなったりします。そういう方は「じゃあどうやってお金を工面しようか」という方法を考えるのがとても苦手です。

以前、実際に「こういうイベントがあるんですけど、お金がないんです。これって行くなっていうお知らせですか？」という質問が来たことがありました。こういう場合は、「イベントに行きたいならお金をなんとかしなさい」というお知らせなのですが、ブロックが強いと別の解釈をしてしまいます。幼少期から経済的に困窮していた、という背景があったり、豊かな経済状態を知らなかったりすることがブロックの原因になっていることも多く、「お金がある状態」というのをイメージできずに、諦めグセがついてしまっていることもあります。

・「自分は稼げない」または「人からお金をもらうのは嫌」というブロック

少し極端ですが、大きく分けると人は「自分でお金を稼ぐ人」と「お金をもらう人」の2種類に分かれると思っています。「お金をもらう人」なのに、ずっと働き続けなければと思い込んでいる人もいますし、専業主婦願望が強い方でも何かしらの才能や使命があって、仕事をしたほうがいいタイプの人もいます。「私が稼がないといけないから」という強固な責任感や、「私なんかがお金を稼げるわけがない」という無価値感というのは、いずれもブロックです。本来の役割から外れてしまって、経済的な問題が発生している方もいらっしゃいます。「稼ぎたくない」と思っているのに、どうしても自分が稼がざるを得ない状況になっている場合は、本来は稼ぐ役回りの人、という可能性もあるということです。

・「お金を持つのが怖い」というブロック

これは散財しがちな人に多いブロックです。お金に向き合いたくなくて、月々の収支もきちんと把握していませんし、そこまで稼いでいるわけではなくとも使ってしまう、という悩みの方が多いです。このタイプの人は、実は、お金よりもモノや体験に価値を感じているのです。それは決して悪い価値観ではないのですが、問題なのは、お金を持つことにいいイメージを持てず『相対的に』モノや体験の価値しか受け取れなくなっている場合です。レストランに行っても、メニューの金額などをあまり見なかったり、特に必要ではなくても、とりあえず買っておいたほうがいい気がする、という人です。口ではお金が欲しいと言いながらも、潜在意識では

「お金を持っていると失うかも、奪われるかも」というブロックがあり、実は使い切ってしまったほうが安心なのです。

こういうタイプの人は、まず自分の理想の生活にはいくら必要か、現実的な金額を計算したり、買おうとしているものが自分の価値観に本当に合っているかを改めて確認したりするなど、お金を直視して現実的に向き合うことがブロックを外す鍵になります。

・不安が強く、貯金をしすぎるブロック

これは完全に過去の私です。私も以前はものすごく貯金魔でした。貯金をする人の中には、単に数字が増えていくのが快感という人もいますが、そのほとんどはお金がなくなることが怖いから貯金している、という感じだと思います。これは、実際に幼少期に貧しかった人、というよりも「貯金しないと路頭に迷うよ」とか「ちゃんと貯めておかないと病気になったときに困るんだからね」というふうに、お金がないことで、将来困るような脅しを受けてきた人なのだと思います。

実際に、本当に貧乏体験をしている人ってお金がない状態に慣れているので、意

外と怖がりません。嫌だけど、なんとかなると思っているし、乗り越え方も知っています。ですが、「普通の生活が今はできているけれど、貯めておかないと未来で困るよ」というふうに言われてきた人は、最悪の未来からの逆算思考になってしまうので、今はとにかくお金を貯めるしかない、となってしまうんです。

それぞれ違いはありますが、やはり受け手側の世界観でお金を見てきているので、お金に対する見方を洗い出す、ということがブロックを見つける近道だと思います。特に、不快な感情が出てくるときは掘り下げのチャンス。

・レジでお金を支払うときに、少し不安な気持ちになる
・人にごちそうしてもらったときに、申し訳ない気持ちになる
・クレジットカードの支払い明細を見たときに、毎回自分を責めてしまう
・クーポンを使えなかったときに、腹立たしく感じる
・家族のものはいいけど、自分のものを買うときはいつも罪悪感がある
・友人たちの貯金の話や投資の話を聞いていると、置いてきぼりになった気分になる

・SNSで月商○桁！と書いてあるのを見ると、イラッとする
・友人に「千円貸して」と言われて、すごく抵抗感があった
・光熱費や水道代の請求書を見るとザワザワする

何か思い当たるものはありましたか？　お金に関する話題のときに、自分の心がざわつくものは、どうしてそういうふうにざわつくのか、観察するところから始めてみましょう。

KIKO'S TIPS

人によって お金のブロックの種類は違う

お金のブロックを外すバンジー
～これまでと逆のことをする

お金のバンジーに関して「これまでと逆のことをして人生が大好転した」私の友人の印象的なエピソードがあるので、ご紹介します。

昔からスピリチュアル的な能力があって、それを仕事にすることにも適性があるなと感じていた友人がいるのですが、彼女はお子さんが3人いて子育てで大変だから、ということで仕事にはしていませんでした。また、彼女の中では「自分が仕事を頑張って稼ぐよりは、夫に稼いできてほしい」という気持ちもあるようでした。ところが、夫が身体を壊して働けなくなり、借金をしないと暮らせないところまできてしまい、とうとうカウンセラーとしてやっていくことを決めました。

これは先ほどのブロックのところで書いた「稼ぐ人」「もらう人」の話になるのですが、彼女の場合は、役割としては「稼ぐ人」であるにもかかわらず、ずっと

「もらう人」の立場をしてきた、ということです。どうして彼女は「私は稼げない人だ」というブロックがあったのか話を聞いてみると、幼少期から親御さんに大切に育てられてきたこともあり、「無償でお金をもらえること＝愛されている証だと、無意識に思っていたのかも」というふうに話していました。その思考が「自分で稼いじゃったら愛されなくなる」と結びつき、彼女を仕事から遠ざけていたようです。

いざカウンセラーの仕事を始めてみると、ブロックが外れ、いきなり月１００万円くらいの売り上げを出していました。

これは、**本来「もらう役」にこだわっていた「稼ぐ役」の人が一念発起して稼いでみたら、本当にきちんと結果がついてきた、**という例です。彼女は多くのクライアントさんに喜ばれ、そして仕事をすることで愛され、「自分は仕事をしても愛される」と潜在意識が書き換わりました。

他にも、「いつもと逆のことをする」というバンジーはいろいろあります。

たとえば、服を買うときに、まず値札を見て買っている人は、価格が第一になってしまっています。そういう人はデザインや素材で本当に惹かれたものを選んで、値札を見ずにレジに持って行ってみる。あとは「どうせお金がない」と諦めモードになっている人は、まずお金を得る方法や安く手に入れられる方法を調べるところから始めてみる。

また、「本当は海外に行きたいけど、そんなのいまの収入だと無理です」とおっしゃる方に、「あといくらあれば、行けるんですか?」と尋ねると、「えっ? それは分からないです……」と、答えられない方も少なくありません。「どうせ無理だ」と諦めているから、現実的に行動ができていないのです。この場合なら、まず最低どれくらいのお金で行けるのかを調べます。仮に5万円と予算が出たとしたら、次に副業を調べるのでもいいですし、賞与を海外旅行に充てるという方法もあるかもしれません。ほとんどの方は、実際に計算してみたら意外に月々少しずつ貯めるだけでも、思ったよりすぐに叶いそうな金額だったとおっしゃいます。そういうふうに、「今の状況では無理」とそこで願望を止めずに、現実的に方法を探っていくこともすごく大事なことです。

いずれにせよ、お金のブロックがあることでうまくいっていない、困った状況が発生しているときは、**その人本来の正しい道に行くために「一時的に」困っている**

だけ、と考えて振り返り、逆のことをすることが突破口になるでしょう。

ちなみに、お金のブロックが外れる前後って規模感は人それぞれですが、一時的にどんどんお金を使っていくことになります（散財タイプの人を除いて）。この期間は「新しい私になったから、欲しいものは我慢せずに買っていくぞ」と、どんどんお金が出ていきます。最初は数百円、数千円程度のものだったのが、数万円のものになっていき、自分自身に「こんなにお金使っちゃってて、貯金なくなったらどうしよう」というような恐怖感も出てきたりします。そんな恐怖や不安に対しては、「新しい自分として、しばらくはお金を使ってみてください」とお伝えしています。

先述しましたが、ブロックが外れても、まだこれまでの価値観が少し残っている期間はあります。その恐怖心は古い自分から出ているものです。なので、「新しい自分でいるって決めたのなら、新しい私はどんなふうにお金を使う？」と自分に問いかけてみましょう。完全に潜在意識が書き換わってしまえば、そういう恐怖感も出てこなくなりますし、書き換え期の一時的な消費欲も収まります。

KIKO'S TIPS

お金との向き合い方を180度逆にしてみる

年齢のブロック
～言い訳にされやすいのが年齢

「本当はあのお店の服を着てみたい。でも20代の子のお店だから無理」
「ダンスを習ってみたいけれど、この歳で始めるのは恥ずかしい」
「転職したい、でももうこの歳だから、やめておく」

似たようなことを感じたことはありますか？　こんなふうに年齢を理由に何かを諦めるのは、年齢のブロックです。特に40代を過ぎると「とはいってもね」「この年だからね」とブロックが強くなってくるのかなと感じています。

どうして年齢のブロックが生まれてしまうのか、大きくは2つあるように思います。

1つめは、「若さが素晴らしい」という社会全体の価値観が、その人に浸透しているケース。もしあなたが若いときに少し上の30代、40代の人は「おばさん、おじさんだからもうダメ」というふうに見ていたとしたら（今まさにそれを感じている10〜30代のあなたも）、あなたが30代、40代と年を重ねたときに、年齢に引け目を感じたり、「若い人から同じように思われていたりするのでは？」と怖く感じるはずです。もしくは若いときに「若い」という理由ですごくかわいがられて、「若さこそが自分の魅力だ」と思っていた人にも言えるかもしれません。「年をとるほど価値がなくなる感じがする」とか「年齢のことは絶対に触れてほしくない」という方は、こちらに当てはまるかと思います。

２つめが、年齢は「何かをやらない理由」に最適だから。「やってみたいけど怖いこと」に対して、できない理由にするのに一番都合がいいのです。考え方や見た目は変えられても、その人の年齢って絶対に変えられません。だから、変えられないものを言い訳にすると、「それならできなくても仕方ない」という言い訳が一生できてしまうのです。

私自身も、自分のチャレンジしようとすることに、年齢が原因で抵抗感が出たこともありました。ここでは私が年齢のブロックを外した話をしたいと思います。

私は20代なかばでダンススクールに通った時期があるのですが、「絶対もっと若い子ばっかりだろうな」と思って入会をずっとためらっていました（ダンス雑誌に出てくる人たちは10代やそれより前から始めた人ばかりだったのです）。ですが、いざ入会してみると、予想に反して自分の親くらいの年齢の人もたくさんいました。

韓国に留学したときも同じようなことがありました。現地に渡るまでは、留学するのは10代か20代前半くらいの子がほとんどだろうから、私はきっと最年長だろう。友達はできるのだろうか、と思っていました。それが、蓋を開けてみたら、同い年くらいの子もいたし、さらには自分よりずっと年上の人もいました。そのときに、年齢に関することって本当に思い込みが多いんだなと気づきました。**実際に飛び込んでみて、年齢にとらわれず、何歳になってもやりたいことをやっている人はたくさんいることを知りました。それに、好きなことに夢中な人は、他人を年齢で判断して笑うことなどしません。**これはバンジーをしたからこそ得られた経験。ブロックを外すにはそんな経験を通して「なんだ、大丈夫だ！」と実感するしかないなと感じたんです。

いまは人生１００年と言われている時代。人生の半分の時点で年齢を理由に行動を制限してしまうのは、とてももったいないと思います。「もう○歳だから……」とセーブしていると、いつまでたっても好きな仕事をやれないし、新しい趣味も始められません。そして、残りの人生を、誰かを羨みながら生きていくことになってしまうかもしれません。

年齢はただの数字。私たちは本来、自由なはずです。実際に「年齢なんて関係ない」と思っている人たちは何歳でもやりますし、「やりたい」という自分の思いに対して素直です。

年齢のブロックは１００％幻想なので、あなたの行動の足かせになっているのであれば、ぜひバンジーして「年齢は関係ないんだ」という現実を体験してほしいと思います。

KIKO'S TIPS

年齢はただの数字。
自由な現実に飛び込もう

年齢のブロックを外すバンジー
～まずは見た目を変えてみる

では、さっそく年齢のブロックを外すバンジーについて紹介していきたいと思います。ここでは、年齢のせいで諦めている人が比較的多い、ファッションにまつわるバンジーです。

以前から、したいと思っていたファッションやメイク、ヘアスタイルがあれば、勇気を出して挑戦してみましょう。最初のステップとしては、家族が全員外出した後に自宅で、など一人でこっそりとトライしてみるのがいいと思います。買うのをためらう場合は、デパートに出かけて試着させてもらったり、コスメカウンターでお試しさせてもらうのもおすすめです。

実は、私の周りにもこのバンジーをやって、どんどんブロックを外している人が多いです。外見はてっとり早く変えやすいからです。

家族がいなくなってからこっそり着替えて、こっそり新しいメイクをして「新しい私」として勝手に楽しむんです。**いきなりその「新しい見た目の私」を周りに認めてもらおうと、気負う必要はありません。**何度か繰り返すうちに、「あ、結構見慣れてきた、いいじゃん、私」と、自分で自分をいいなと思えたり、これまでの自分を知らない初対面の人に褒めてもらえたりすると、少し自分の中で意識が変わってくると思います。私は一人でお出かけする休みの日から始めました。

一番いいのは、チャレンジしているファッションやメイクを「いいね」と言ってくれそうなコミュニティや場所を見つけて参加すること。「普通じゃないのって素敵！」とか「年齢って関係ないよね」というマインドの人がたくさんいる場所に出入りしていると、「誰も私のファッションを変だと言ったりしないし、むしろ褒めてくれる」といった経験で自信もつき、ブロックも外れてきます。それまでは「こんな歳でこんな恥ずかしいことをしている人なんて、誰もいないよ……」という心境だったのが、「あの人のほうがもっとすごいし、なんだか私がすごく普通に思えてきた……」なんて思うことも。そうなってくると、潜在意識も書き換わってきて、「あ、こっちが標準で、自分の周りだけが感覚が古いんだな」と感じるようになります。この段階になって初めて、家族にそのファッションやメイクを見せてみる、という人が多いです。どうしてかというと、潜在意識が書き換わっているので「たとえ何かを言われたところで、落ち込んだり、傷ついたりしない」と自信が持てているからです。「急にどうしちゃったの!?」という反応が返ってくることもあるでしょう。実際、最初から家族やパートナーから大歓迎された、ということのほうが珍しく、たいがい他の人も同じような経験をしています。

たとえば、40代で初めて髪を真っ赤にした方や、ミニスカートに挑戦した方に、最初はお子さんから「ほかのママと違うからいやだ」とか「授業参観に来ないで」と言われたというような話をよく聞きます。そう言われると辛いかもしれませんが、これはあくまで当然の反応なので気にしなくても大丈夫。「新しいことにチャレンジしているのにひどい」「家族なら理解してよ、応援してよ」というスタンスにはならないように、注意が必要です。家族は家族として素直な気持ちとしてそれを伝えているので、**相手の気持ちも尊重して調和をとることが大切。**自分がなぜそうしたいのか?を伝えてもいいし、逆になぜ家族が嫌なのかを聞いてもいいし、授業参観のときだけ服装を変えたりウィッグをつけるなどしてもいいでしょう。

こちらが押しつけるスタンスだと、相手も余計に反発します。また、単に最初は見慣れていないだけということも。いろいろ言われても、本人が軽く受け流しながら、心から楽しんでそのファッションやメイクを続けていると、家族の反応も変わってくるようです。最初は嫌だと言っていた娘さんが、テレビでアイドルを見て「お母さんみたいな格好だね」と言ってくれたり、息子さんが「自慢のお母さんだから」と褒めてくれたりした、という話もたくさん聞きました。ですので、ご家族からの反応は最初はそんなもの、いつか変わるはずなので心配いりません。

あと、大切なのは、「前のほうがいいよ」とか「あなたにはそういうのは似合わないと思う」みたいな、否定的な反応をされそうだなと予想がつく人には、すぐには見せないこと。横やりを入れてきそうな人には、先述したように自分の潜在意識が書き換わったなと思ってから、少しずつ開示していくのがいいと思います。

KIKO'S TIPS

こっそりバンジーを始めて、少しずつ新しい自分に慣れる

恋愛・結婚観のブロック ～思考グセがないかをチェックする

恋愛や結婚に関しては、相談を受けていると、意外と昔ながらの恋愛・結婚観の人が多いなと感じています。昔よりも恋愛や結婚の選択肢は増えているにもかかわらず、「○歳までに結婚しないとみじめだ」とか、「子育てや家事が完璧にできない女性は欠陥がある」とか、そんな価値観を親の世代から引きずって悩んでいる人は少なくありません。「友人はみんな結婚しているのに」「この歳になったら親に孫の顔を見せるべきなのに」というのはまさにブロックです。

次のようなフレーズを口に出してみましょう。なにか違和感を感じたフレーズがあれば、恋愛・結婚観のブロックがあるかもしれません。

・私に恋人ができるわけがない
・好きな人が私を好きになってくれるわけがない

・恋愛したら嫌な思いをするだけだから、したくない
・愛は長続きしない
・いい歳をして結婚していないと恥ずかしい
・結婚生活はしんどい
・結婚は我慢だ
・「結婚しよう」と言われないということは、何か私に足りないことがあるはずだ
・結婚できていない私は選ばれない人間だ
・結婚できない私は価値のない人間だと感じてしまう
・歳をとったら夫（妻）に愛されなくなる
・母になったら女性としての魅力はなくなる

私の場合は、結婚の幸せなロールモデルを知らなかったために、結婚にいいイメージを持てませんでした。20代の頃に同い年の友人が結婚すると知ると、祝福でも羨ましがるでもなく、「この若さであんな大変な生活をはじめるの!?　大丈夫？」と本気で心配になっていました。逆に、「結婚・出産がステイタス」みたいな人か

らすると、私のほうが「そんなに仕事ばっかりして本当に大丈夫!?」と見られていたと思います。そういう価値観の知人から「子どもが生まれました」とメッセージが送られてきたことがありました。「そこまで仲良くない私にまで送ってくれて律儀で優しい人だなあ」と思っていたのですが、周囲の人から「それ、出産マウントっていうんだよ！」と言われて「そうなの!?」と驚いたこともあります（もしかすると本人はマウントのつもりは本当になくて、周囲の人のほうにブロックがあって過剰反応しただけかもしれませんが……）。

これは、私のブロックがいい方向に働いた例で、私の潜在意識に「結婚・出産は幸せ」という概念がないせいで、マウントされても気づかなかったという話です。この感覚の違い、すごいですよね。まさに、**どんなブロックがあるかで世界がまるで違って見える**ことのわかりやすい例だと思います。

先ほどの具体例でどれかに当てはまり、自分にブロックがあるんだなと感じた方は、それまでの状況から「どうせ私は何をしても選ばれない、価値のない人間」という前提をつくってしまって、その理由づけとして「恋愛できていないこと、結婚できていないことがその証明です」と、ますますその前提を強固にしてしまう危険性があります。恋愛・結婚以外の失敗や、うまくいかないことに対しても、「結婚すらできない私は、やっぱり何やってもダメだ」という負の答え合わせのようになっていき、こじれていく一方というケースもあります。また、その状態で恋愛や結婚をしたとしても、結局、人と比べて「愛されているかどうかの証明」をしつづけなければならず、苦しくなる一方です。だから、恋愛や結婚のブロックを持っている人は、まずブロックに気づくことから。実は恋愛、結婚と関係のない出来事を通して、そのブロックの存在を教えようとしてくれているということも、よくあるのです。

KIKO'S TIPS

「どうせ愛されない」は幻想

恋愛・結婚観のブロックを外すバンジー
～結婚しないメリットは？

まずは、「結婚したいのに結婚できない」という方へのバンジーから紹介します。頭では結婚したいと思っていても、同時に「結婚したくない」という願い（ブロック）を潜在意識に持っているはずです。バンジーとしては、あなたが思う、「結婚していないことで得られているメリット」、「結婚したあとのデメリット」を想像して、**思いつく限りノートに書き出してください。**

このワークを講座でやると、最初は「私は出会いがないから結婚できてないだけで、独身のメリットなんてないです」とおっしゃる方も、書き出してみると、結婚していないことのメリットが、ものすごくたくさんあったことに気づいたりします。どうしてもメリットが浮かばないという方は、結婚したときのデメリットを想像してみるといいでしょう。

ここで、このワークをやって実際に幸せな結婚をした方の例を紹介します。その方は結婚することのデメリットとして「自分の自由がなくなる」「好きなことや趣味にお金をかけられなくなる」「自由に海外に行けなくなる」などが出てきたので、「じゃあ、それを全部今やってみるのはどうですか？」と提案してみました。お金を散財したら、余計に結婚が遠のいてしまうのでは……？という不安と戦いながらも、その方は全部「独身のうちにやっておきたいことリスト」にして素直に一つずつやっていきました。すると、そのリストをやり終えたら、以前の恋人と復縁して、結婚することになったのです。その方は、以前はすごく結婚願望が強く、恋人の方にもそれを伝えていましたが、「早く結婚したいならほかの人のほうがいいんじゃない？　待たせるのも申し訳ない」と別れを告げられ、ひどく傷ついていたのです。

　ですが相談者さんがこのバンジーを始め、とにかく自分がやりたいことをどんどんやっていく中で、「独身、いいじゃん！　最高！」という気持ちになっていきました。こうやってブロックがとれてきたときに、元恋人と再会し、トントン拍子に復縁、ついには結婚することになりました。結婚に執着していたときの重いエネルギーから一転、目の前の現実を楽しんで軽いエネルギーになったことが、彼の気持ちを動かしたのでしょう。

ここまで読んでいただいて「私は結婚するつもりはないから関係ないな」と思っている方でも、もしどこかに少しでも心が反応したなら、試しに一度、掘り下げはしてみてほしいと思います。そういう方でも、掘り下げをしていくと、「仕事に必死で恋愛する余裕はないと思っていたけれど、実はパートナーがいないむなしさをごまかすためにやっていた」と気づき、本音は「パートナーが欲しい」という結論になることも少なくないのです。そんなこともあるので、まず掘り下げだけやってみて、「あ、やっぱりそうだよね、私には結婚はなくていいや」となれば、より自分の選択としてそれを尊重できて周りに何を言われようともブレない自分でいられます。「あれ？　思ってたのと違う感情が出てきたな……」と思ったり、どこかザワザワしたりするのであれば、望みに蓋をしてしまっている状態かもしれません。

KIKO'S TIPS

あなたにとっての恋愛とは？
結婚とは？　再定義してみよう

パートナーとのブロック
～ブロックには性差がある

パートナーシップのお悩みもよくいただきますが、その背景には女性であること・男性であることのブロックや妻像・夫像、母像・父像のブロックも大きく作用しているように感じています。そのため、まずは自分自身のブロックに気づいておくことも非常に重要になってきます。こういう思い込みはないでしょうか？

まずは女性によくあるブロックから説明します。

・夫が稼いできてくれているんだから、私は自由にしてはいけない。あまりお金を使ってはいけない
・結婚したのなら、仕事をやりつつも家事のほとんどをやらないといけない
・子どもが小さいうちは自分のやりたいことは制限しなければいけない
・食事会では女性が料理の取り分けやお酌をするべき

・忙しくとも、家の中はきれいでなければいけない
・母ならば派手な格好をしてはいけない
・家族を愛しているなら、食事はこだわらなくてはいけない

これらに関しては、幼少期の体験や個人的な経験だけでなく、社会の価値観、社会の要請みたいなものも含まれてくるので、その刷り込みのようなものはより強いと思います。**なかでも、「母親としてこうあるべき」というブロックは社会全体でも強いなと感じています。**

相談者さんでも「私は本当にダメな母親で……」と、劣等感や罪悪感を感じている方はすごく多いです。でも、子育てに関しては、それぞれのお子さんによって状況や個性も全然違うでしょう。どれくらい夜泣きしているか、どれくらい手がかかるかなどといったことや、ご本人の仕事の仕方や家事をどこまでやっているか、というのはなかなか客観的にシェアされづらく、本当の意味でみんながどうしているかなんて分からないと思います。それに加えて、働くお母さんも増えていますが「働きながら育てて当たり前」というような風潮がありますし、そんな状況でもべ

ビーシッターなどのサービスはそこまで浸透しているとはいえません。

私には、子育ての勉強をたくさんして、悩んで、さらにはなんとかしようと私のところに相談に来てくださっている時点で、本当になんていいお母さんなんだろう、と感じるのですが、それでもご本人の自己評価はとても低いのです。なので自分をいい母親だと思えず悩んでいる方は「～ねばならない」という先入観で、母であることのハードルを高くしすぎてしまっていることに気づいてください。

次に、男性によくあるブロックについてです。男性は夫のブロックや父のブロック、それ以上に**「男らしさ」のブロックが一番強いように感じています。**女性は、ご自分のパートナーを少し想像しながら読んでもらえればと思います。

一番わかりやすいのは、「社会に出てどれくらいのお金を稼ぐか」ということが、自身の評価や生きる価値につながるというブロックです。そのお金を稼ぐことを、会社からも妻からも求められている、という思い込みです。「お金も大事だけど、今は家庭を優先してほしい」と願う妻もいるはずなのですが、「お金を稼いでこそ、家族に認められるはずだ」という先入観が強い方がとても多いのです。加えて、「仕事を辞めちゃいけない」ブロックもありますし、「弱音を吐いてはいけない」ブロックもある方が非常に多いです。

女性は女性で、特に母のブロックに縛られていて「もう無理、しんどい！」となっていますし、男性は男性のブロックに縛られているから「俺のほうが大変なのに」と言い出してしまう。女性側のブロックと男性側のブロックが真正面からぶつかり合うと、たいていパートナーシップはすごくこじれてしまいます。

パートナー自身のブロックをあなたが外すことはできないので、まずはあなたが、自分自身を苦しめているブロックがないか、掘り下げてみましょう。「いい妻・母」「いい夫・父」ではない「あなた自身」の本音や望みはなんでしょうか。

KIKO'S TIPS

パートナーに求める前に
自分のブロックに気づく

パートナーとのブロックを外すバンジー
～根底にある「愛されていない」ブロック

ここでは、パートナーとの関係をよくするために、まずは自分自身のバンジー、次にパートナーに対してのバンジーを紹介していきたいと思います。

・自分自身へのバンジー

理想像を手放して、「こんな妻（母、夫、父、男など）で私、大丈夫!?」と思うようなことをやってみましょう。普段完璧な妻でいようとしている人こそ、食事をレトルトにするとか、無理して掃除しないであえて散らかしたままにしておく、などなんでもいいです。

・パートナーに対してのバンジー

①気持ちをはっきり伝える

やってほしいことや理解してもらいたいことを、相手にわかるように伝えるということを意識してやってみましょう。これは特に女性に多いのですが、普段、家事や育児などに対して、パートナーには察してほしいと感じませんか？　言われるまでやらないなんて思いやりがない！と腹が立つこともあるでしょう。でも、男性は女性に比べて「察する」という能力が優れていないのです。

なぜ女性は察してほしいのか？　そして男性は察することが苦手だと薄々わかっているのに、なぜはっきり伝えたくないのか。それには、こんなブロックがあるかもしれません。実は潜在意識では、「相手はわからなかったからやれなかったんだ」ということにしておきたいのです。もし、全部こと細かに説明してお願いをしたのに、それでもやってくれなかったら、「わかった上で助けてくれないなんて、私、本当は愛されていないっていうこと？」と絶望してしまうからです。言葉を尽くしても相手にわかってもらえない悲しさは、相当のものです。そこから逃れるために、はっきりと気持ちを伝えないことは、実は女性にとっての「愛されていないわけじゃない保険」なのです。また、言わなくてもわかってくれるかどうか、愛情を試しているのかもしれません（ブロックの意味は人によって本当にさまざまです）。

もしそうであれば、普段どれだけパートナーにイライラしていたり、不満を持っていたりしたとしても、愛されたいからこそ、なのです。

②弱音を吐く

女性は「パートナーに寄り添いたい」と思うと「感情を共有したい」と感じます。しかし、多くの男性は、感情を出すのが苦手です。なぜなら、幼い頃から「男の子なんだから、泣いちゃダメ（悲しむな）」とか「女性と子どもには、手を出すな（怒りを出すな）」と、教えられてきたからです。なので、多くの男性には、「ネガティブな感情は出してはいけない」というブロックが存在します。そんな方はぜひ、「弱音を吐くバンジー」をしてみてください。「悲しい」「辛い」「もうダメだ」と、吐き出すことは、とても勇気がいることかもしれません。さらにいうと、パートナーだけでなく、会社の後輩のような「カッコ悪いところを見せたくない相手」にほど、このバンジーは、より効果を発揮します。あなたが抑圧していた感情を、一番見せたくない相手に見せることで、あなたの器が大きく拡大します。人に頼れなかったり、弱いところを見せられない人は、どうしても、自力でなんとかしようとしてしまいますが、自力には限界があります。その限界を突破するためには、「弱音を吐くバンジー」をして、他力を借りるしかないのです。それは、物理的な救済だけではなく、「弱い部分を受け止めてもらう」という、精神的な救済も含まれます。だから「この人を頼ったところで、解決できるわけじゃないしな…」と、考えなくてもいいんです。目に見えない「安心感」を受け取ること、ありのままの自分を受け入れてもらうことは、あなたの心の土台を固めます。新しいチャレンジができたり、奇跡を呼んで、実力以上の力を発揮させてくれるのです。

男女間でぶつかるとき、「愛されていないブロック」と「わかってもらえないブロック」が根底にあるので、このバンジーは勇気が必要だと思います。「本当は愛されているはず」という前提で、保険やお試しをやめて、はっきりとお願いしてみてください（命令ではなく、素直にかわいくがポイントです）。

女性にとっては、心を１００％開示しても、わかってもらえないということが怖いですし、男性にとっては、絶対見せるなと言われてきた弱音を見せることが怖いんです。ただ、怖いだけにそれをやってみた後の変化はとても大きいでしょう。一回本音を出しただけで、１００％わかってもらえることって残念ながらほぼありません。なので、そこはうまくいかなくても絶望する必要はまったくありませんし、時間や回数を重ねて、何度もチャレンジしてもらえればと思います。

KIKO'S TIPS

女性、男性それぞれ別のバンジーが必要

番外編　パートナーとの関係づくり
～相手を観察する

ここでは番外編として、相手のブロックとうまくお付き合いをする方法について、書いていきたいと思います。

まず、相手のことをよく観察して、パートナーの取扱説明書をつくることです。

「この人はこういう思考回路で、こういうブロックが発動しやすいんだな」

「こういう本音があるときには、こういうことを言ってしまいがちなんだな」

「黙ってるときってこういうときなんだな」

という心の取り扱い説明書のようなものをつくっていくイメージです。

相手のブロックを知るにはどうしたらいいか、ということに関してですが、**人は行動に本音が出ます。**ブロックがあるときは、行動と言葉が一致していないことがすごく多いのでそこに着目してみてください（たとえば「別に怒っていないよ」と言いつつ、ドアをバタンと乱暴に閉めるなど）。観察を続けていると、パターンが見えてくるはずです。「これについて話しているときは、本音じゃないからスルーしてあげよう」とか「この人が怒ってるときは、寂しいときなんだな」といったことがわかってきます。

　ブロックが発動しているとき、本人が気づくのはなかなか難しいので、相手が変わるより、そばにいるあなたが「出た出た、このパターンね」という感じで理解をしてあげたほうが早いこともあります（本人はベストなタイミングで気づきます）。そしてブロックの向こう側にあるものは何だろうと理解しようとしてみてください。

　こんなふうにお伝えすると、「どうして私ばっかり理解してあげないといけないの？」と感じるかもしれません。でも、最終的に、そんな思いをしてでも一緒にいたい人と結婚している、というふうに思えるのであればいいのではないでしょうか。

「なんで私が理解してあげなきゃいけないのか、そんなの嫌だ」と思うなら一緒にいなければいいという話です。

　これを周囲のみんなにやってくださいと言っているのではありません。本当に全人類の中で、今あなたのパートナーであるたった一人のためにだけやってあげればいいんです。もちろん骨の折れることですが、本人ではないからこそわかる、客観的な視点で観察し、理解してあげましょう。

最後に補足なのですが、**やってはいけないのが、相手のブロックを外してあげようとすること。**よくあるのが、こういうことを学んだばかりのときに「あなた、こういうブロックあるよね」と指摘してしまったり、「向き合ったほうがいいよ」とアドバイスしたりすること。こうなると絶対に争いになります。相手のブロックを外すこと、相手を変えるということはできないので、そこは本人の課題と切り離し、「そんなこの人といる私は、どうしたらいいんだろう？」ということを考えましょう。

KIKO'S TIPS

パートナーを観察し、理解を深める

コンプレックスのブロック～失敗の理由にしがちなこととは？

「何かコンプレックスはありますか？」と聞かれて、まったくない、という人のほうが珍しいと思います。中でも、容姿や性格、家庭環境といった生まれ持った部分や、昔から親や周囲に否定されてきた部分からは、無数のコンプレックスが出てきます。

私自身は「背が高い」ということがコンプレックスでした。ただ、背が高いことで苦労することはたくさんあったけれど、特にいじめられたり、親から何か言われたりすることもなく、それほど大きなブロックがあるとは思っていませんでした。

ですが、掘り下げをすることで、この身長コンプレックスからくるブロックが、かなり根深いものだったということに気づいたのです。もともと自分の中でも「背が高いからかわいらしい服は似合わない」「かわいい言動は許されない」という感覚があることは自覚していました。潜在意識にどんな思い込みがあったかというと、「私は背が高くて人より大きいんだから、平均点以上を出してようやく普通だと評価してもらえる」「平均以下の成果なら、生きることすら許されない」という設定になっていたのです（実際に全て平均以上に優れていたわけではありません。だからいつも、生きる価値がないとどこかで感じていたのです）。このことに気づいたときは、想像以上の深刻さにびっくりしました。そして、「あ、だから私、完璧主義だったんだ」ということが腑に落ちたのです。

　でも、こんな思い込みって、実は結構多くの人がやっていることなんです。

「自分はこの肌のせいで、誰にも好かれなかった」
「こんな体型だから、好きな人に振り向いてもらえなかった」
「家庭環境のせいで、何もかもうまくいかなかった」

実際の因果関係とは関係なく、勝手に「○○のせいでうまくいかなかった」と思い込んでいるのです。この思い込みが積み重なると、うまくいかない全てのことはコンプレックスのせいと思ってしまうのです。年齢のブロックと同じで、変えがたいことは「できない理由」にしやすいからです。ほかにも「どうせ私は○○だから」という理由で何かを諦めていたりするケースも、これに当てはまります。

これらのうまくいかなかったことの本当の原因は、コンプレックスが原因ではないかもしれません。耳の痛い話ですが、逆に、コンプレックスのブロックがあったおかげで、コンプレックスのせいにして、問題の本質から目を背けることができていたとも言えるのです。

たとえば、好きな人に告白をして、うまく行かなかった場合、容姿のコンプレックスがあれば、「きっと私の容姿のせいだ」と思えます。そうすれば、「私自身の魅力がないわけではない。容姿さえよければうまくいったはずだ」と思っておくことができますよね。容姿のせいにしておけば、自分は価値がないと思わずに済むんです。そう思うと、感謝の気持ちが湧いてきませんか？　コンプレックス自体は、ある意味ずっと濡れ衣を着せられながら、受け止めがたい現実が起きたときに「うまくいかないことの理由」になって、あなたを守ってきてくれていたんです。

私がなぜこのブロックを手放したかというと、変えようのない自分の一部を嫌い続けることで、自分の人生をどんどん嫌いになっていっていることに気がついたからです。コンプレックスのブロックのおかげで守られているものを手放してでも「この私に生まれてよかった」と思って生きていきたい！と強く思ったのです。あなたはどうですか？　そのコンプレックスのブロック、手放しますか？

KIKO'S TIPS

コンプレックスは
過去のあなたを守ってきたもの

コンプレックスのブロックを外すバンジー
～新しい自分を先取りする

コンプレックスのブロックを外すバンジーは、それなりの心の準備が必要です。ブロックを手放すことで、ある意味、見たくない現実に向き合わなければならないからです。

ここまで読んで、「私の場合はコンプレックスを逃げになんて使ってない！　これは事実だ！」と主張したい気持ちが大きいのなら、まだブロックを外すタイミングではないのかもしれません。

でも、少しでも前項を読んでいただいて「たしかにそうかも」とか「むしろこのコンプレックスを、本当は好きになって受け入れてあげたかったんだよね」という気持ちがあれば、やってみる価値はあると思います。

コンプレックスに感謝をする段階に行って、「今まで守ってくれてありがとう。

もう大丈夫だよ」「このコンプレックスごと私を好きになろう」と思えたら、バッチリです。まずは、そのコンプレックスを好きになれている自分を想像してみてください。どうですか？　きっともうそれを隠したり、ごまかしたりせずに、堂々としていると思いませんか？　ここでのポイントは**「そんな私だったらどう振る舞っているか？」**と想像してみて、その自分を先取りすることがバンジーになります。肌荒れがコンプレックスなら、日焼け止めだけ塗って笑顔でお出かけする、脚が太いのがコンプレックスなら、あえてミニスカートをはくなどです。いざやってみると、本当にそわそわしますし、「何か言われないかな」と怖さや、恥ずかしさも出てくると思います。まずは自分の中でのハードルを下げるために、知り合いと出会わないような場所を選んでやります。それでまずは「あ、この太い脚のせいですごい視線を感じる」と思ったとしても、「いやいや、もう脚のせいにするのはやめたんだった」と、いつもの思考グセから軌道修正し、切り替えていきます。その都度「こんな脚だから恥ずかしい」「バカにされているに違いない」という思い込みを外し、「新しい私」の視点に切り替えていきます。エゴの声はいろいろ言ってくると思いますが、実際それで街を歩いても、嫌がらせを受けたり、罵声を浴びたりすることはまずありません。そうして冷静に客観的な視点になると、「あれ？　誰も脚のこと見てない？　というかそもそも誰も私のこと気にしてない……？」ということに気づくことがあります。見られていると思ったら、「脚じゃなく、スカートがかわいいから見られているんだ」とか、ポジティブな思い込みに切り替える方法も、とってもおすすめですよ。

コンプレックスのブロックを外すバンジーの準備①

まだまだ全然前向きになれないという方に向けた準備を、ここで紹介したいと思います。それは「私はこのコンプレックスのおかげで、どんなことがプラスだったかな？と考える」というものです。ただ、こうお話しすると「私、ニキビだらけでいつも顔隠したいと思って生きてるんです、それにどんなプラスがあるんですか？」「アトピーがひどくていじめられたことさえあるんです、全然プラスじゃないですよね」というリアクションが返ってきます。たしかにこれは物質的なプラス面を探そうとすると永遠に見つかりません。そうではなくて、ニキビやアトピーというコンプレックスによって「どんなチャレンジをしなくて済んだかな」「何に向き合わずに済んできたかな」「これがなかったら私自身に価値がないって捉えていたかも」というふうに、マインド面を見るのです。それによって、実はものすごく守られていた、という点に気づけるかもしれません。

コンプレックスのブロックを外すバンジーの準備②

「バンジーするなら、コンプレックスを堂々と見せればいいんだ」と考えて、自虐的な感じでそれを開示する人がいます。ですが、これは注意が必要で、自虐に走る人は「ネタにできてるよ、ポジティブに変換してるよ」というふうに見えて、内心では、傷ついている自分をないがしろにしてしまっていることがあります。なので、外に出すときに、わざわざ自分を下げたり、笑いに変えたりすることはやめましょう。

　たとえば、芸人でインスタフォロワー数約1000万人の渡辺直美さんは、ご自分の体型をコンプレックスに思っているでしょうか。おそらく、世の中に「これは私の魅力」という出し方をされているからこそ、体型も含めて多くの人に愛されていると思いますし、プラスサイズモデルとしてブランドのミューズになることはあっても、着やせ服を着るという発想にはまずならないと思います。コンプレックスの活かし方、またはその克服のプロセスこそ、とても価値があるものだと思います。そしてその過程で、周りの人が予想外の反応をしてくれたり、「いいね」と言ってくれたりするなかで、だんだん自分のことを好きになれたり、「このコンプレックスがあってよかったのかも」と思えるようになっていくでしょう。

いずれにせよ、今はコンプレックスだと思っていても、最終的にその人の足かせになるようなことを、魂がわざわざ選んできてはいないはずだと私は考えています。受け入れがたいコンプレックスは、あなたのシンデレラストーリーの序盤を盛り上げるために持っているだけと考えると、ワクワクしませんか？　ここからどんな展開が待っているんだろう？と楽しみながら、ブロック外しをしていきましょう。

KIKO'S TIPS

コンプレックスのバンジーは
シンデレラストーリーの始まり

失敗体験のブロック
～感情の落差の大きかった体験は？

失敗体験のブロックって、基本的に「初めてのチャレンジで、失敗してすごく嫌な思いをした」というものが多いと思います。「これをすれば、大切なあの人は、絶対喜んでくれるはず」と思ってやってみたことで、その人がすごく悲しんでしまったとか「これはすごく得意だから、かっこよくやってみんなに自慢できる」と思っていたことが、そのときに限って失敗して恥をかいたなどのように、振り幅の大きい体験から来ていることが多いように思います。そういう振り幅の大きい体験はダメージも大きくて「絶対もう嫌だ、こんな経験二度としたくない」というふうに、強くブロックがかかりがちです。

私も同様に、「初めてのチャレンジで失敗」をして、強いブロックをずっと持ち続けてきたことがあります。それは幼稚園の頃、先生が「誰かピアノ弾ける子、みんなの前で弾いてみる？」と、言ったときのことです。私は人前に出ることがそんなに得意な子ではありませんでしたが、当時はピアノを習っていたので、「なるべく失敗しないように、簡単で、みんなが知っている曲を披露しよう！」と思って手を挙げてみました。

ところが、いざやってみたら緊張して、全く弾けなかったのです。みんなに凄いところを見せようと意気込んだのに、みっともない姿を見られて恥ずかしい！と思ったことを、今でも覚えています（大人から見ると、本当に大した失敗ではないのですが）。それが「人前に出たくないブロック」の原体験です。あまり挑戦らしいこともしたことがなく、初挑戦だったのに、そこで失敗をした体験が強烈だったために、「失敗して恥をかくくらいなら人前に出ない」というブロックをつくり、自分を守ってきたのだと思います。そのせいで、小学校から高校まで、まったく手を挙げない生徒になりました。

ブロックのもとになっている原体験を探るには、目の前の現実で、**やたらここには恐怖感があるとか、なぜかすごく身体が重くなるというような事実**から掘り下げていきましょう。私の場合は、ピアノに失敗した出来事をくっきりと覚えていましたが、ショックが大きくて忘れてしまっている（あえて記憶から消している）というケースもあります。そのときの感情や感覚は潜在意識に残っているものの、原因になる出来事の記憶は思い出せない、ということがままあるのです。

私も、「あの人を見るとなぜかザワザワして不快な感覚になるけど、なぜだろう？」と思うようなことがありました。そういうときは、その人が持っているある部分が、忘れてしまった昔の記憶とリンクして、反応しているのです（その人自身は全く悪くないのです）。「なぜだろう？　どの部分に反応しているのだろう？」とグルグルグルグルグル頭の中で考え続けていると、ポンと封印していた記憶が潜在意識から上がってくるときがあるんです（私は長いと一週間くらい考え続けます）。きっとそれだけ忘れているということは相当ショックなことだったんだろうな、と直感でわかるのですが、「それでも知りたい！　どんなことでも受け入れます」という心の準備が整ったら、出てきてくれているのだろうと感じています。

そして記憶がよみがえってきたら、そのつらかった原体験をもう一度、シミュレーションするように感じてみます（追体験といいます）。原体験のときはショックのあまり、記憶を封印しているくらいですから、「悲しかった」「恥ずかしかった」「悔しかった」「辛かった」というネガティブな感情を、その場で感じ切ってはいないはずです。

イメージの中で追体験してみると、そのときは感じきれなかった感情を、感じることができます。私のピアノの失敗体験は追体験で、「そっか、私は先生に褒めてほしかったんだ」とか「みんなを喜ばせられなくてショックだったんだ」という思いが出てきました。封印されていた感情を味わうことで、癒され、ブロックが外れることがあります。

KIKO'S TIPS

忘れてしまっている原体験を探しにいく

失敗体験のブロックを外すバンジー
～成功体験で上書き

失敗体験のバンジーというのは、「もう二度と失敗したくない」「失敗するくらいなら挑戦しない」となっているブロックを外すことです。とにかく外すためには、成功体験での上書きが必要です。

私にとって「人前に出るのが怖いブロック」を外すためのバンジーは、ＹｏｕＴｕｂｅに動画を投稿することでした。ＹｏｕＴｕｂｅｒさんの中には、根っから人前に出るのが得意で、目立つのも好きというタイプの人もいらっしゃいますが、当時の私はもちろんそれとは真逆です。「目立つことはすごく恐ろしいもの」という感覚があったので、顔出しをして、話して、動画を世界に配信するなんて、恐ろしすぎる！という心境でした。

ここでのコツは、そんな臆病な自分にも寄り添って、優しく背中を押してあげること。「なにかひとつでもアンチコメントがきたら、すぐ消そう」「何回撮り直してもいいし、気に入らなかったらアップしなくてもいいよ」「一回投稿してだめだと思ったら、二度とやらなくてもいいから、とりあえず撮るだけ撮ろう」という感じで、いつでもやめられるように自分に逃げ道をつくってあげた上でアクションをしました。そんなふうに**最大限ハードルを下げてからチャレンジをすると、意外と大丈夫だったりします。**

どうしても、バンジーが怖いときには、うまくいくように、「セーフティネットを張る」ということもおすすめです。何しろ失敗するかもしれない可能性に飛び込んでいくわけですから、とても怖いですよね。怖がりながらも「これならできる」というやり方で進めていきましょう。「セーフティネットを張る」というのはどういうことなのか、具体的に私の例で説明します。私はもともとサプライズで人に何かをするのが好きで、気持ちを込めて選んだプレゼントを、ある友人に贈ったことがありました。数か月後にその友人が、それを他の人からのプレゼントと記憶違いして、私に揶揄《やゆ》してくる、ということがありました。そのときもひどくショックで、素直に「それ、私があげたんだよ」と言うこともできず、一時的に彼女のことが嫌いになってしまいました。それ以降は、「自分から誰かにサプライズでプレゼントを贈る」ということが、とにかく怖くなりました。この体験からできてしまった「プレゼントをすると相手に嫌がられるブロック」を外すため、バンジーとして、サプライズのプレゼントを贈ることにしました。それはもう足元をしっかり固めて、絶対に自分がショックを受けないような状況をつくってから、プレゼントをしました。

まずは、一人ではなく、誰かと一緒に考えてサプライズをしました。次に、お相手の人柄からして、中身が何であろうと絶対に喜んでくれると確信できるような人に、一人でサプライズしてみるということをしました。今でも、何かを贈るときは、少し怖さが出ますが、いろんな策を考えながら少しずつトライしています。でもそのおかげで、贈り物をするときは、お相手が気に入りそうなものを徹底的に調べるクセがついて、驚かれたり、とても喜ばれたりするようになりました。

最後に、誰だって嫌な記憶として持っている失敗体験がまた上塗りされるのは避けたいですよね。それなのに、そこに向き合って、失敗する恐怖を乗り越えてチャレンジしようとしている自分を褒めてあげてください。恐がる自分を励まして、できるかも、と思えたら、小さな一歩から始めてみましょう。平気になってきた頃には、意外とその道を極められて、新たな才能が開花するかもしれませんよ。

KIKO'S TIPS

失敗体験のバンジーは自分に優しく、小さな歩幅で進める

親子のブロック
～繰り返し起こる問題にヒント

親子のブロックというと複雑な生い立ち、虐待されていた、というようなケースを想像されるかもしれませんが、自分で「普通の家庭」と認識していても、ブロックがある場合はあります。親子のブロックの例を2つ出してみたいと思います。

◎子どものときに子どもでいられなかったことでブロックが生まれるケース

たとえば、しっかり者の子どもと、少女のような感覚のお母さん。お母さんがおとぼけキャラでぼんやりしているので、子どもが「私がしっかりしないと！」と感じて世話を焼いていたり、母親のわがままに付き合ってあげたり……。役割が逆転して、子どもながらにして母の役割をやっていたことで、甘え方が分からないというケース。他にはご両親が離婚されて、「自分が長男や長女として頑張らないと」と、早くから精神的に自立せざるをえなかったケースなども、これにあたります。

◎ブロックはもう手放したと思っているけれど手放せていないケース

「あんなひどい親ですけど、もう許してます。今は感謝してるので、大丈夫です。私は乗り越えました」と言われる方の中にも実際は未昇華な感情がたくさんあり、全然まだ終わっていないという場合もよくあります。大人になり、当時のことを振り返って、思考で納得することはできます。しかし、頭で納得するだけで、心の傷が癒されるわけではありません。「別に悪い親じゃないんです。でもいつもお姉ちゃんばかり大切にしていて悲しかった……」という昇華されていない思いが出てくることもあります。掘り下げをして、心の奥に隠した「本当は言いたかったこと」を見つけてあげることで、少しずつ癒されていくはずです。

この２つの例で、何か思い当たることはあったでしょうか？

実は、相談者さんでも、最初から「親との関係を改善したいです」と相談される方はほとんどいなくて、ほかの相談を掘り下げていくと、大元になる、親との間に生まれたブロックにたどり着くことが多いのです。

自覚できないのに、どうやってブロックを見つければいいの？と思われたかもしれませんが、実はわかりやすいヒントがあります。それは「繰り返し起こる問題は、親子関係で生まれたブロックが、形を変えていま目の前で起きていることが多い」ということです。たとえば恋愛で、相手は変わったとしてもいつも同じパターンでうまくいかない、といったことです。

ちなみに、**恋愛やパートナー系の問題は、ほぼ１００％親のブロックから来ていると言っていいくらいです。**それ以外でも、人間関係全般、会社や仕事のこと、お金の問題にまで、親子のブロックが影響を及ぼすことがあります。

特に、パートナーシップで深刻な悩みを持っている方は、だいたい異性の親との関係でブロックがあります。

恋人に毎回お金を貸してほしいと言われる、手をあげられるなど、問題のある男性ばかりを引き寄せてしまう……。こういう方に幼少期のお話を聞くと、父親がお金にだらしなかったとか、いつも高圧的で母親に暴力をふるっていたとかという背景を持っていることが多くあります。

こう書くと、実の父のそういう部分で辛い思いをしたのであれば、自分のパートナーに似たような人は選ばないのでは？と思いますよね。ご本人も思考ではそう思っているんです。ですが、潜在意識は違います。自分が経験した家族は一つだけ。「普通の親」「いい親」を知らないまま「異性とはそういうものだ」と、潜在意識にインストールされてしまうんです。

ですから、父親が暴れてものを投げたり、手が出てしまったりする環境だった人は、「暴力的でこそ男性だ」「家庭とは、常にドキドキヒヤヒヤするもの」という「正解の形」が潜在意識に入ってしまうんです。一般的な感覚で言えば「家庭＝安心」などとなりますが、そもそもの定義が違うんです。そのため、結婚して家庭を持とうとすると、潜在意識には「あのドキドキヒヤヒヤするのをつくるんですね」とオーダーされてしまい、現実がそうなってしまう。これはある種、潜在意識のパワーの恐ろしさでもあります。「父親との思い出が辛すぎて今でも苦しい」「男性自体が嫌」という方は、バンジーの前にまず癒しが必要な段階なので、セラピーやヒーリング、カウンセリングなどを受けたほうがいいかもしれません。普通に異性とお付き合いくらいはできるけれど、結局いつも辛い恋愛ばかり、という人は、ぜひ目の前の出来事から掘り下げてブロックを探してみましょう。

KIKO'S TIPS

親子のブロックは、親以外の相手との間でも発動する

親子のブロックを外すバンジー〜大人になった自分で向き合う

親子のブロックは、意外と親子以外の問題にも関わっている、ということを前の項で書きました。ここでは、親子のブロックを外すバンジーについて、紹介していきます。

親子のブロックを外すバンジー

子どものときにつらかったことや、いまだに何かの妨げになっていると感じること、どうしてあのとき父は、母はこうだったんだろうと怒りがあったり、疑問が残っていたりすることを、いま現在の「大人の私」として親に話しに行く

これは気恥ずかしさもあるでしょうし、かなりのバンジーだと思います。現在は関係がよくなっていたり、普通に話はできるという状態であれば、試してもらえればと思います（もし、まだ会うと暴力を受ける可能性があったり、親御さんと冷静

に話をするのが難しい状況の場合は、避けてください。そしてご自身が心に重度の傷を負っていると感じられるようでしたら、セラピーやヒーリングに行かれることをおすすめします）。

具体的な出来事があるのであれば「なんであのとき、私にこういうことをしたの？」「どうしてあんなふうに言ったの？」「あのとき、私はこういうふうに感じていたんだけど、お母さんはどういう気持ちだったの？」ということを話します。

このとき、注意したいのは「これで和解できる」とか「きっと親は謝ってくれる」という**期待を持って行かないこと。**勇気を持って行く側としては、ついそういうことを期待したくなると思いますが、あまりそういう反応は返ってきません。もちろん「あのときは仕事が大変で余裕がなかったんだよ、さみしい思いをさせてごめんね」といったことを言ってもらえることがあるかもしれませんが、そうではない場合も多いのです。

「昔のことだから忘れた」とか「そんな過去のことどうでもいいでしょ」というふうに言われることもあります。実際、私のときもそうでした。内心では、泣いてハグしてくれるのでは、という淡い期待を持っていましたが、あっさり「そんな過去のこと今さら言われても」という感じでした。そのときはがっかりもしましたが、逆に「親も未熟な普通の人間なんだな」と思えたことで、完璧を求めていた私も未熟だったな、ということに気づけたのです。親というものは完璧だと思っていたからこそ、「親なのに○○をしてくれなかった＝ということは愛されていなかった」と思っていましたが、実際は愛してくれていたけど、親も未熟で、ただ愛し方がわからなかったということなのかもしれないなと思えたのです。

だから、「謝罪」や「和解」にこだわる必要はありません。

それよりも、当時のことについて「普通に対等に話ができるくらい、今は親と私の関係が変わったんだ」ということを、潜在意識の中に入れることが重要です。当時、子どもだったあなたは、そんなこと言えなかったけれど、いまは立派に大人になっています。親御さんもただ一人の人間であるだけで、いまやあなたを支配している人ではありません。あくまでも、親のところへ行って「大人になった自分を感じる、親とは対等な人間関係だと認知する」経験が大切です。もし親から「そんなこと忘れた」と言われたなら、親にとっては忘れるくらい意味のない、些細《ささい》なことだったんだな、と思えばいいのです。目をそらしたりごまかしたりされれば、「本当は罪悪感があるんだな」と思うこともできます。子どもの頃は絶対的な存在だったお父さんやお母さんも、今の私にとっては単なる一人の人間で、今の私には子どもの頃のような影響力もありません。「一人の人間なら親としての振る舞いに失敗もするよね」と思えると、潜在意識が変わっていきます。

ちなみに直接会いに行くのはハードルが高いという人は、お手紙を書くだけでもいいと思います。もしも返事が返ってくるなら、それは返ってくるというだけですごい愛情だと思いますし、返ってこなかったとしても伝えられたことに意味があるのです。もしも、親御さんが亡くなられたり、居場所が分からない場合でも、届けるつもりで書いてみてください。直接相手に届けることができなくても、気持ちを言語化することに大きな意味があります。

KIKO'S TIPS

「和解」より大事な、「大人になった私」を感じること

執着のブロック ～名詞や数字にこだわっていないか

執着は非常に気づきにくい感情です。自分自身でもそれを自覚しづらいのですが、純粋な望みと、執着を見分ける方法もあります。それは、感情や体験ではなく、名詞や数字にこだわっているとき。たとえば、

- 「オーガニック食材」でこだわりの食事を作ってこそ、ちゃんとした母親だ
- 「資格1級」を合格しないと勉強した意味がない
- 第一志望の「○○大学」に入れなかったら人生終わりだ
- 「○○社」に入れなかったら自分が許せない
- 付き合うなら絶対「○○さん」じゃないと幸せと思えない
- 子どもの成績は「○位」以上じゃないと褒められない
- 「年収○万円以上の男性」じゃないと恋愛対象じゃない

こういうふうにこだわっている対象はありませんか？　もし思い浮かべば、それを掘り下げして、なぜそうしたいのか、それがいいのか探っていってみてください。

最初の例になっている「オーガニック食材の手作り料理」にこだわるという方がいらっしゃいました。なぜこだわるのか、他のものでは「いい母親」にはなれないのか聞いてみると、まずは「家族の健康のためです」とおっしゃいました。

そうすると、「家族の健康」が実現できればいいわけですから、「家事代行サービスの方に来ていただいて夕食は健康的なおかずをまとめて作ってもらうのはどうでしょう？」と提案してみました。執着がある人はそこで、「なんかそれは違います」「ちょっとそれは嫌です」という反応になります。そこで「でも、家族の健康は叶って、あなたは少しラクにもなりますよね？　なぜ嫌なんですか？」と重ねて聞くと、ようやくそこで「やっぱり、お母さん自身がつくることに意味があると思うんですよね」というような別の理由が出てきます。「お子さんがお母さんの手作りがいいと言っているんですか？」と聞くと、そういうわけでもなく、掘り下げると「そうしないと私の母としての評価が……」といった、核心の部分がようやく出てきます。「〝こだわっていい食事を作っている母親〟という自分像がないと、専業主婦として許されない気がするんです、夫にも何か言われるかもしれないし……」というところが、本当の「オーガニック食材の手作り料理」にこだわる理由だったんです。それを「家族の健康のため」とすり替えてしまっている状態でした。「家族の健康」のためというと、世間的なイメージもよく、わざわざそれを「本当の理由」かどうか、疑う必要もありません。そうやって「聞こえのいいダミーの理由」をつくってしまうことで執着のブロックに気づかないのです。

なぜ名詞や数字が入ると執着の可能性が高いのか。

それは突き詰めると、私たちの魂の望みはいつも「どんな感情を味わいたいか？」だからです。「家族と楽しくホッとする時間を過ごしたい」が本当の望みであれば、「オーガニックにこだわるいい母」である必要は、本当はないのです。もちろん、「身体が喜ぶからオーガニックがいい」「おいしいから好き」などの理由であれば、執着ではありません。

つまり、**味わいたい「感情」はいつも自分の内側に起こるものなので、極論、外**

側の事象はなんでもいいのです。それに執着しなくても、きっと他にも方法はあるはずです。なので、自分に「なんのためにそれがいいの？　なぜこだわっているの？」と問いかけたうえで「ほかの方法だったらどう？」と聞いたときに、すっと「イエス」と思えない人は、執着になっている可能性が高いといえます。

KIKO'S TIPS

まずは自分の執着に「気づく」ところから

執着のブロックを外すバンジー ～二者択一か、執着しきるか

自分の執着に気づけたら、バンジーとしては①二者択一をする、②執着しきる、という2つの方法があります。

①二者択一をする

執着していると、「それが叶わなければ一生が終わり」のように0か100かの思考になっていることが多くあります。たとえば、入りたい大学があったとして、もしそれが叶わなくても、受験に向けて勉強をしてきた事実は、すべてが無駄にはならないはずなんです。なので、「せっかくがんばって、理想の自分像を維持してきたのに、これを手放したら何もなくなる」というのは幻想です。「うまくいかないってことは、別の選択肢があるってことだよね」と捉えられればいいんです。ただし、他人にこの考えを押しつけるのは、絶対にNGです。執着するほど頑張っていたことを手放すタイミングは、あくまで本人が決めることなのです。実は、執着

のブロックって、**理想の自分への執着**をしているんです。それを追い求めることを楽しんでやっているうちはいいのですが、苦しいだけになっているのなら、いっそ潔く諦めるというバンジーです。

「いいお母さんではいたい。でも本当は頑張って料理したくない」

「絶対に第一志望の大学に入りたい。でも勉強するのは気が乗らない」

のように、どちらも手放せない、ある種わがままな状態になっているのです。このパターンの場合、「そうするべきなのに、できない」という、理想と異なる自分を絶対に認めるわけにはいかないという執着なのです。自分が考える、「料理を頑張るいいお母さん」ではなくてもいい。ダメな母親・妻でもいいから、料理をしないで、その時間で家族とごきげんな時間を過ごす。そんなふうに、どちらかを選ぶんです。「そんなことしたら、私どうなっちゃうの？」と、ものすごく恐怖を感じるかもしれません。ただ、私や、これまで見てきた相談者さんからの事例からすると、結果、全く問題なかったということがほとんどです。仮に何か言われたとしても、「私、いいお母さんやめたから」「なにかあればどうぞ文句言ってください（言われても仕方ないしね）」というマインドになれるので、「こう思われたらどうしよう」とビクビクすることがなくなるのです。だってもう、「理想の自分」は手放したんですから。それが執着のブロックを外すバンジーです。

②執着しきる

そうは言っても、執着が強くて、どうしてもどちらかだけを選べない、という場合もあります。そういう場合は、大変かもしれないけれど、その執着していることをやり切ってください。「いい母」にそこまでこだわるのであれば、中途半端にせずに、一度完璧にやり切ってみてください、ということです。そうすると、いずれどこかで限界が来て、「あ、これを続けるのは無理だな」といい意味で諦めがつきます。そうすることで、「私、全力で頑張ったけどこれは無理だった。向いてないから諦めよう〜」というふうに思えて、逆にそこできちんと執着がとれます。

KIKO'S TIPS

執着しきることもひとつの解決方法

自己犠牲のブロック〜無意識に無理していることは？

自己犠牲のブロックを持っている人には、２つのタイプがあります。

①自己犠牲が美しいと刷り込まれてきた人

親から教えられてきた、ということが主で、「自己犠牲になることは正しいこと・良いこと」という定義がある人

②自己主張が苦手で、自分が犠牲になるほうがマシと考える人

自分の意見を言う、主張する、ということがものすごく苦手で、自分一人が犠牲になることで場が収まるなら、合わせておいたほうがいいと考える人

②のタイプの人がより多いように感じています。つまり、進んでやっているとい

うよりは、内心は嫌だけれど、本音を言って嫌われるくらいなら我慢しておいたほうがいいという思考です（①と②が掛け合わさっている人も多くいます）。このタイプの人も、物心がついたときから他人を優先して、自分の意見をなかったことにする、ということが習慣化していて、自覚していない場合もよくあります（特に長男長女に多いです）。ですが、そんな人でも、「私、②のタイプだ」と判断できるヒントがあります。

・「私ばっかり」と思うことがある

「私ばっかり頑張ることになる」「私ばっかり損をする」と感じるときはありませんか？　普段は我慢が当たり前になっていて、自覚がないケースも多く、人生の節々で不満が爆発する時期があるのが特徴です。

・ちょっとしたことを飲み込みがち

たとえば「自己主張」というと、大事な場面で自分の意見を言う、とか会議で自分の意見を出す、ということが浮かぶかもしれませんが、そういったことだけでなく、本当に日常の些細なことも含まれます。

たとえば、「職場の冷房が効きすぎていて、寒いな」と感じるときに「少し温度を上げてもいいですか？」といったことは、言うに値しないと思っていませんか？　飲食店で通された席の、隣が騒がしくて落ち着けないとき、「席を移動してもいいですか？」といったことも言えていないのではないでしょうか。他にも、ケーキをみんなで選ぶとき、このタイプの人は我先にと「私はこれがいい！」とは言いません。「私は最後でいいよ〜」と何の気なしに言っているかもしれません。

このあたりに心当たりがある人は、**自己犠牲を積み重ねてきた人**です。自己犠牲のブロックがある人は、本音を出すのが怖いということもある一方、まわりとぶつかったり、非難されたりすることを避けるために本音を出さず、自ら無意識に我慢をしている節もあります。ケーキの例でいえば、「私は最後でいいよ」と言うことで「自ら選ばなくていい」というメリットを、最大限享受しているとも言えます。「私もあなたが選んだそのケーキがよかったのに！」と言われるリスクを回避しているので、なんならラクなのです。この「ラクさ」と「我慢」を天秤にかけたときに、「ラクさ」が勝っているので、我慢しているということにも気づきにくいのです。

ここでの自己犠牲は、豊かな人が慈悲の心で周りに分け与えるのとは違って、「嫌われたくない」「非常識だと思われたくない」という気持ちで、全力でリスク回避をしているという感じです。なので、こういうケースで「本当は私、あのケーキがよかったな」とちらりとでも思うのであれば、それは我慢をしているのだと認識してください。

KIKO'S TIPS

摩擦が起きずラクでも
心は満たされない

自己犠牲のブロックを外すバンジー
～まずは小さな自己主張から

私自身も「感じよく接しなければ」「相手に嫌われたくない」という気持ちが強いタイプだったので、実際に私が行ったバンジーとあわせて紹介したいと思います。

バンジー

普段の自分ならしないような「ネガティブな反応」を押し殺さずに、小さな自己主張として素直に出してみる。本音を隠さずに、そのまま伝えるのがベストですが、もしも直接的な言葉で伝えることが難しければ、最初は表情や声音に出してみるというところから始めましょう。まずは家族や身近な人、または、その場限りでしか会わないような人に対してチャレンジするのがおすすめ。

まずはコンビニなどの店員さんでもいいと思います。たとえば、感じの悪い接客をする店員さんにあたったときに、無理ににこやかにせず、しっかり嫌な顔をする。

さらに対応がひどかったりする場合は「それはないんじゃないですか？」と言葉にしてみる（バンジーをしようと決めると、不思議とそういう人が現れます）。

私は、講演会や講座などに受講者として参加するとき、以前は登壇者に向かって、うなずきながらニコニコと聞いているタイプでした。それは内容がいいか悪いかを問わず、むしろつまらないときこそ、つまらなそうな感じを出してはだめだと思い込んで、無理していました。でもそこはバンジー、面白くなければ無理にニコニコするのはやめようと思って、意識を変えました。表情をつくることをやめてそのまま話を聞いていると、不思議なことに、次第に本当に面白くなってきたのです。リラックスした状態でいるので、表情も自然と明るくなり、無意識に相づちを打っている自分に気づきました。それまでは、こういうシチュエーションのときは「感じのいいリアクションをしなければいけないからしている」と思い込んでいたけれど、実はそうではなかったと知りました。そのブロックを外して自然にしていても、面白ければ自然といいリアクションをするし、元々表情豊かなタイプだったのに、それにも気づかず、「私は無理にしているんだ」と勘違いしていたのです。

そういったことがあって、少しバンジーの段階が進んだ頃に、友人にとあるセミナーに誘われて行くことになりました。席はステージ近くの前のほうでしたが、内容が難しくて分からないことに加え、時期的に疲れが溜まっていたこともあり、眠気に襲われました。「もういいや、無理せず寝てしまおう」と身体に正直に目をつぶりました。これは、当時の私にとってかなり勇気のいるバンジーでした。ところが、セミナー後に登壇者の方に直接「君、睡眠学習の子だねー！」と怒られるどころか、面白がって声をかけてもらえました。その方の反応に、いい意味で気が抜け、それで覚えてもらえるなら、これはこれでありかも、とさえ思えたのでした（笑）（その方の器の広さに感謝です。みなさんに進んでおすすめするものではありません）。「どんなときでも愛想よく聞いていないといけない」というのは、思い込みのブロックだったと気づけた出来事でした。

「すべてそのまま出していい」とお伝えすると、「でも言霊のことを考えると、ネガティブなことを言ったりするのは、よくないのでは？」と思った方もいるのではないでしょうか。確かにそうなのですが、それ以上に自分を偽ることの方がよっぽどよくないのです。引き寄せの法則としては、自分が出している波動と同じものがやってくる、という原理なので、**内心ではものすごくイライラしているのに、無理やり感謝をしたとしても、イライラの波動しか出ません。**

私自身も、「いい現実を引き寄せるにはポジティブじゃないとダメ！」と思い込んで、エセポジティブを10年くらいしましたが、続けているうちに、自分が愛想笑いをしているのか、本当に笑っているのかすら、分からないような状態になっていきました。本当の感情に蓋をしていると、自分が自分に対して「イライラすらさせてもらえなかった」と、魂はさらに深いネガティブな状態になってしまいます。だから、どんなネガティブな感情も、ありのままに認めていくことが大切なのです。

でも、自分が出す波動が永遠にネガティブな状態のまま続くということはありえないので、安心してください。バンジーをするときは、一時的な断捨離期間のようなものです。今までの溜め込んだ分まで、どんな些細な本音も出してあげてください。抑圧していたネガティブな感情を出すことでの気づきもありますし、ポジティブもネガティブも、自然な状態にしておくことで、本来の自分に気づきます。その結果、私の経験のように「取り繕っていたと思っていたけど、案外、元々持っている性質だったんだな」と驚くこともあります。このバンジーの本当にすごい効果は、

「実はありのままの自分って、最初から理想の自分に近かった」という衝撃の事実に気づくこと。あなたもきっと、それに気づくことになりますよ。

KIKO'S TIPS

「しなければいけない」を手放して見えることもある

先入観のブロック ～「勝手にそう思い込んでいる」こと

先入観のブロックは、本当に気づきにくいもののひとつだと思います。どんなフィールドにも「これが当たり前のやり方、考え方」というものがあって、知らず知らずに、それが自分にもインストールされていたりするからです。ここでは、先入観のブロックってこういうもの、ということをお話ししていきます。

・恋愛についての先入観

たとえば、理想の結婚相手の年収をなんとなくの感覚で決めている人。「高望みしないで、６００万円くらいかな～」と言っている人は少なくありませんが、あなたの理想の結婚生活と、その金額感は一致していますか？　本当の望みは「専業主婦」なのに、それが叶う望みが出せていないということも、よくあります。そういう方は、「そもそも一千万とか一億とかの単位で稼いでいるような人なんて考えたことありませんでした」と、選択肢から外してしまっているのです。

・転職についての先入観

相談を受けていて感じるのが、自分が経験した職種しかできないと思っている人が、意外と多いということ。経験した職種、もしくは、せめて近い職種の中で選ぼうとしてしまうのです。人には適性があって、たとえ経験値が低くても、問題なくパフォーマンスができる仕事があったりします。でも、多くの人の中に「スキルや経験を積んで完璧にしないと、人様からお金をもらってはいけない」というブロックがあるんだなと感じています。たとえば、ある高級なレストランに行った人が「すごくおいしかったんだけど、でもそのシェフの人、調理師免許のない人だったの！」と怒っていたという話を聞いたことがあります。おいしければ、それでいいのでは？と思いますが、たぶんその人の中には「みんな自信や資格を身につけるまで頑張っているのに、それをしないまま走り出して成功しているのはなんか違う、ずるい」という感覚があったのではないかと思います。

・年齢についての先入観

たとえば、「この年でどうやって恋愛すればいいの？」とか「この年で再婚なんて無理」という話はよく聞きます。再婚をするにしても「子どもが20歳になるまでは……」というふうに、自らの先入観で制限をかけている人もいます。また、「さすがにこの年齢になってきたら親の面倒見ないといけないから、そろそろ実家に帰らなきゃいけないかな」とかいう話もよく聞くのですが、これは別に親御さんと話をしているわけでもなく、本人が勝手にそう思っているだけ、ということも多いです。また、「この年になったら、もうパートも見つからないと思います」という話もよく聞きますが、これらも先入観です。

・お金がないからできないという先入観

ＹｏｕＴｕｂｅのお悩み相談に、「やりたいことなのに、お金がないからオンラインサロンが開設できません」というご相談がありました。私自身は1円もかけずにオンラインサロンを始めたので、そのときは素朴に「あれ？　何にお金をかけるつもりなんだろう……？」と不思議だったのですが、「オンラインサロンのつくり方講座を受けたいのに、お金がなくって受けられないから諦めたんです」という話だったんです。つまり、開設・運営の方法を、お金を払って学ばなければ、オンラインサロンをやってはいけない、という先入観があったんですね。私はなんのノウハウもなく、個人的に「素敵だな」と思って見ていたオンラインサロンの見よう見まねで、自分なりに作ってみただけだったので、考えの違いにびっくりしました。その動画のコメント欄にも、同じような方からたくさんのコメントがつき、「お金を払って誰かから学ばないと、何かを始められない」というのは、意外に多くの人が持っている思い込みなんだと感じました。この例を見ていただいてもわかるように、自分ではそれが普通だと思っているので、人と話したり接したときに自分との違いを感じたときが、一番その先入観のブロックに気づきやすいのです。たくさんいろんな価値観の人と関わることで、ブロックを見つけやすくなります。

KIKO'S TIPS

自分ひとりでは
なかなか先入観には気づけない

先入観のブロックを外すバンジー ～非常識な人に注目する

一見、常識外れな行動をする人は、迷惑な人、悪い人、と捉えられがちですが、実は真逆の存在です。あなたにとって、ブロックを外してくれる役目の人かもしれません。ここで、拒否したりスルーしたりするのか、その人から何か学ぼうとするのかで、道は大きく分かれます。これまでの人生観で考えないで、「あっ、この人は先入観のブロックに気づかせようとしてくれているんだな」と気づくことが、鍵になります。これは人に限らず、たまたま見ていたテレビから聞こえた言葉や、SNSで目に入ったワードのような場合もありますが、そういう違和感を与えてくれる存在は、あなたの中にあるブロックを教えてくれているのです。

たとえば、私のエステティシャン時代の話です。お店で1年勤めたあとに、すぐに独立して自分のお店を出しました。お店に勤めているときは、独立は10年くらい経験を積んでからかな、と漠然と考えていたのですが、「え、なんで10年も？　1年後と10年後では何が違うの？　1年では何が足りないと思っているの？」と言ってくれる人に出会いました。確かに、同じ店舗に何年も勤めている先輩はいましたが、やっていることや、できることが劇的に違うかというと、そんなことはありませんでした。むしろ売り上げで言えば、誰よりも多かったのです。お金の面でも、何となく、２００～３００万円くらい貯金をしてから独立するものだ、と思い込んでいたのです。でも、その金額の内訳って何だろう？と考えると、ただのイメージでしかなかったんです。ちゃんと調べてみると、10万円もかからないことがわかり、もう言い訳できる理由がないなと思ったので、そこで独立を決意しました。

　スピリチュアルカウンセラーになったときもそうです。一つ前のエステ時代の会社が、新人もすぐ現場に出される「習うより慣れろ」な社風だったので、その会社ではかなりブロックを外してもらいました。「新人は、これくらい研修をするもの」「新規事業をするときは予算を立てて、入念に準備をするもの」といった、自分の中の当たり前がガラガラと崩れていったおかげで、「こういう会社もあるんだし、私も体当たりでチャレンジしてみよう」と思えたのです。カウンセラーになったときは、誰かに師事していたわけでもなく、どこかで学んでいたわけでもありません。最初の半年ほど、籍を置かせてもらっていた占いのお店にいた頃は、分からないことだらけでしたが、幸いなことにベテランで優しい先生がたくさんいらっしゃったので、いろいろ教えてもらいました。休み時間になったら他のブースの先生に「こういう場合はどうやって答えてますか？」「こういう人が来られたとき、どうされてますか？」としょっちゅう聞きに行って、トライアンドエラーでめきめきと成長していきました。

なので、自分と異なる価値観の人が現れたときは、**ブロックを外すチャンスがきていることを自覚することが大切です。**それはきっと、「ありえない！」と驚くような出来事だったり、心がザワザワしたりするひと言だったりすると思います。でもそれが、「言われてみれば確かにそうだな」と納得できたら（悔しい気持ちもあるかもしれませんが）、実際にチャレンジしてみることが、先入観のブロックを外すバンジーです。

それから、もうひとつ、印象的な例があるのでご紹介させてください。

恋愛コンサルタントの方と、お話をしていたときのことです。その方いわく「このご時世、マッチングアプリがあるのに、出会いがないと言う人が理解できない」と話されていました。「でも、年齢とか地域で絞ったら出てこないこともあるんじゃないですか？」と聞いたら、「なんで？　この日本中の独身男性、1人くらいマッチするでしょ」とおっしゃるんです。私の感覚では、同じ県内とか、せいぜい隣の県くらいで探すのが当たり前だと思っていたのですが、「どれだけ遠くても好きなら会いに来てくれるよ！　住んでいる場所なんて関係ないの」と、常識はずれの概念にびっくり。これには、本当に自分の先入観に気づかされました。やっぱり、それぞれの道ですごく成功している人って、発想が違うんです。だから、自分が「すごいな、この人はぶっ飛んでる」と思う人の考え方を取り入れてみると、自分のブロックに気づくことができます。近くの人だけでなく、遠い存在の人の価値観も積極的に取り入れてみましょう。

KIKO'S TIPS

ありえないと感じる価値観こそ、あなたのブロックを外す鍵

トラウマ体験のブロック
～原体験を探ってみる

「トラウマ体験」というのは比較的、自覚しやすいものだと思います。「トラウマ」と言うと、すごく悲劇的な体験のようなものを思い浮かべるかもしれませんが、今思うと、なんてことないことでも、ずっとそのしこりが残っていたり、同じような状況になったりすると、拒否反応が出る、といった小さなトラウマもあります。

私自身の話で言えば（実はバンジーをして、潜在意識を書き換えていたので、この本をつくるときまで、このことはすっかり忘れていたのですが）、やってもいないのにことなのに濡れ衣を着せられ、みんなの前に立たされて「どうしてそんなことをしたの？」と尋問を受けるようなシチュエーションが、人生の中で何度かあったのです。学生時代の同級生からや、社会人になってからもありました。そこで問い詰められた内容は、今思い直しても、まったく謝る必要のない理不尽な内容でした。結果的には、そういう出来事のおかげで、うわべだけの友達がいなくなって、残ってくれた人が本当の友達になっていったため、悪いことばかりではありませんが、やはりブロックのせいで、そういう出来事が繰り返し起こっていたのだと思います。その出来事を掘り下げると、いじめられたことのショックよりも、周りの人がそれを見て見ぬふりをして助けてくれなかったり、嘘の噂を信じてしまったりしたことのほうがショックだったと気づきました。その思いの原体験まで掘り下げると、幼い頃に母が私にきつく当たり続けていた頃、どんなに私が泣き叫んでも、父も周りの大人も見て見ぬふりをする、というような状況が続き、「どうせ誰も助けてくれない」という、強いブロックが、私の中につくられたのだと思います。

今でこそ、何か似たようなことが起こっても「みんなちゃんと私のことをわかってくれているから、大丈夫」という感覚でいられるようになりましたが、昔は「誰も私のことなんて、信じてくれるわけない」という思いがありました。だから、誰か一人が私のあらぬ噂を流したとしたら、なんとか先回りして、一人ひとりに弁解をしなければ！という気持ちにかられていました。冷静に考えると、必死に弁解しているからこそ、余計に疑われてしまったのかもしれませんが、当時は「そうでもしないと誰も味方になってくれない」という気持ちで動いていました。なぜ「どうせ誰も助けてくれない」というブロックをつくったのかというと、「助けてくれると思っていたのに、見捨てられた」と傷つくくらいなら、最初から「どうせ助けてもらえない」と思っていたほうが、傷つかなくて済むからです。

トラウマ体験って、過去に原体験になるような強烈な出来事があって、何度もそれに似た体験をすることで、ブロックが強くなっていきます。「二度とあんな辛い思いはしないように、最初から悪い方を想定しておく」というパターンになることが多く、もしあなたにも、いつまでも忘れられない傷ついた出来事や、なぜだか分からないけれど繰り返す、似たパターンのトラブルがあれば、トラウマのブロックが原因になっているかもしれません。

KIKO'S TIPS

**繰り返している
嫌な体験の共通点を探してみる**

トラウマ体験のブロックを外すバンジー
～当事者に聞く

このバンジーは、過去のトラウマ体験になっていることに関して、直接当事者に聞く、ということが一番効果があります（状況によってはできない場合もありますが）。

私の場合、根も葉もないことを言いふらされて、みんなから嫌われているという状況になった当時の関係者に、数年後、勇気を出して聞いてみました。そうすると「あのときは私もなんかおかしくなっちゃってた、ごめんね」とか「今思えばあの子（噂話を吹聴していた子）のほうがおかしいのに、なぜかそのときは信じちゃって……」と謝ってくれた人もいました。そして意外なことに「全部わかってたよ」という人も何人もいて「こういうもめごとが本当に苦手で……」と、その人も見捨てたわけではなく、また別のブロックがあることを知りました。そんなふうに話してくれた人が何人かいたおかげで、「黙っているからといって、その人の肩を持っていたわけじゃなかったんだ」「胸を張って生きていれば、時間はかかっても、わかってくれる人はいるんだ」と、ちゃんと身を以って実感できました。誤解が解けたことで、ブロックが自然と外れ、潜在意識が書き換わっていったのです。トラウマの原体験となっていた、「父が私を母から守ってくれない」ということに関しても、後になって、捉え方が変わりました。父は自分が口を出すことで、余計に状況を悪化させたり、長引いたりしないようにしていてくれたのかも、と思えるようになったのです。その視点で物事をよく見ると、父の「余計なことには口を挟まないスタイル」のおかげで、うまくいっていることも、実はたくさんあるのだと気づくことができました。

また、状況的に、直接当事者に聞くということまでは難しい、もしくは物理的にお相手と関わることができないという状況の方もいると思います。そういう方は「視点を変える」という方法でも、同じようにブロックは外せます。事象として同じことが起こっていても、**その出来事を見る「視点を変えなさい」というお知らせだと思ってください。**そして、視点を変えるというのは必ず、ポジティブな視点で見てくださいね。

「その出来事、あなたが思っているような悪いことじゃないよ」というのを教えてくれるために起こっているんだ、と考えてみると、どんなふうに見ることができるでしょうか？　私が父の見方が変わったように、きっと違う見え方になるはずだと思います。しかし、私も長い間、「視点を変える」ということがなかなかできずに、同じようなことが何度も繰り返し起こっていました。そこで助けてくれなかった人たちを、当時は「みんな敵だ」と思ってしまっていましたが、「本当は違うよ」ということを教えてくれるために、何回も起こっていたんだと思います。それに気づけていれば、トラウマ体験自体、もっと早く終わっていたと思います。「また同じようなのが来た」というのは、あなたが一番よくわかると思いますので、「今回のトラブルでトラウマを終わらせよう」くらいに前向きに捉えられると、そのトラブルの存在自体、見え方が変わってくるはずです。

KIKO'S TIPS

繰り返し起こる出来事を違う視点で見てみよう

禁欲のブロック ～「私は幸せ」もブロック？

禁欲、というと「○○に受かるまでゲーム禁止！」とか「欲をかいて欲しがってはダメ！」みたいなものを想像しがちですが、それだけではありません。一見すると満ち足りている人でも、内面では自分にいろんな禁止をしていて、それがブロックになっているというケースもあります。

・「私は幸せ」と思っているブロック

特にスピリチュアルの分野では「すべてに感謝しています」「私は幸せです」と口にした方がいいとされているので、積極的に口にしている方が多いと思います。もちろん本当に感謝している人、幸せな人もいますが、その中には「私なんて不幸で当たり前なのに、こんなにいま幸せをもらっている」という感じで、その奥には「私なんて、これくらいが妥当」という、本音に蓋をした妥協した、望みが見えたりするのです。それまでの人生で苦労が多く、それが当たり前になっていた人は、それに比べたらずっとマシ、これ以上望んだらバチ当たりだという考え方になってしまうのです。

自然で健康な状態だと、感謝をしながらも、また次の望みが出てくるのですが、このブロックがあると望みが出てきません。「過去に比べれば、今は幸せ」でも、とはいえ、まだ満たされていないのに、望みがパッと出てこなかったり、「私幸せです」というアピールをしたくなったりする方は要注意。そういう方の特徴として、本当に幸せな人の「ねえ、聞いて聞いて」という弾んだ感じはありません。また、本当に幸せな人は、わざわざ「アピール」はしません。あなたの中にもし、こんな感覚があれば、それは禁欲のブロックがあるということかもしれません。

・幸せじゃないと、かっこ悪いというブロック

「幸せでないことは、かっこ悪い」という感覚がある人も結構いらっしゃいます。不幸なことは恥だし、こんなに頑張っているのに、幸せじゃないなんて、みっともなくて言えない、という心理です。あるとき、「稼ぎのいい夫も、高学歴な娘もい

て、大きな家もあって、幸せなんです」という方がいらっしゃいました。しかし、実は夫婦仲は悪く、娘さんとも、うまくコミュニケーションを取れていないようでした。自分の気持ちは満たされていないのに、「こんなに恵まれているんだから、幸せと思わなければいけない」という、禁欲のブロックを強く感じました。「悩みはありません。感謝しかないです」と頑なでした。よく聞くと、ご自身は幼少期に貧しい思いをしたので、「いまは普通の生活ができて、もう夢が叶っているのに、これ以上、何も望みません」という話でした。掘り下げると、娘さんへ「こんなに恵まれているのに、私の言うことを聞かない」といった不満が出てきました。形としての夢は叶っているけれど、心は満たされていないというのは、実はよくあるケースです。

このどちらの例も、「過去と比較すると、条件的に恵まれているから、幸せである」というふうに結論づけていて、それ以上の望みも、愚痴や不満を出すことも、本人が禁止しています。本音に蓋をしてしまっている状態で、「本当の幸せ」とは言いがたい状況です。「こうは思ってはいけない」「こんなふうに望んではいけない」というものはありませんか？　あなたには制限なく、遠慮なく、自由に望む権利があるのです。

KIKO'S TIPS

幸せと思い込ませようとしていないか
本音を確認してみよう

禁欲のブロックを外すバンジー
～幸せを否定してみる

禁欲のブロックを外す、一つのバンジーとしては「私は幸せじゃない」と口に出すことです。こうお伝えすると、「私は幸せじゃないって言っちゃうと、本当に幸せじゃない現実を引き寄せちゃうじゃないですか」とおっしゃる方がいます。でも、まずは幸せじゃないことを認めないと、次のステージに行けません。仮に、本当に幸せであれば、「私は幸せじゃありません」と口にしたところで、心がザワザワすることはありません。セリフを言わされているだけのような感覚になります。女性が「私は男性です」と口にしても何も感じませんよね。ですが、口にしたときに、「ヤバイ！　口にしてしまった」という感覚があったり、否定したくなるような怒りや、涙が出たり、もしくは「あっ、そうだ私、本当は幸せじゃないわ」と、妙に納得する感覚になったりすれば、それはブロックがあると言えるでしょう。次に、禁欲のブロックを外すためのワークをしていきましょう。

ワーク　０から１００の数字を直感的に言う

０が「すべて何もかも失って、もう死んでしまいたい、お先真っ暗」という状況。１００は「もうすべてあります、望みは全て叶っていて、これ以上ない幸せです」、という状況であれば、いまの日常を数値化すると、どれくらいですか？　直感で答えてください。

これを聞くと、「私幸せです」という方も、まず１００とはおっしゃいません。
あなたはどれくらいだったでしょうか？　仮に70だとしたら、残りの30は何をやったら、何が叶ったら、１００になると思いますか？　１００の状態は「私は地球一幸せ」と仮定してください、とお伝えすると、「そこまで望んでいいんだったら……」と、普段は本音に蓋をしている人も、願望が出てきます。遠慮する必要は、全くありません。どんどん素直な望みを出していきましょう。では、続いて、次のワークに移ります。

ワーク　とにかくたくさん叶えたい夢を書く

①タイマーとペンとメモを用意してください。15分計って、叶えたい夢を全部書き出してください。
今から15分以内に書いたことは全部叶って、逆に、書かなかったことは絶対叶わないという前提で書いてください。現実的に可能かどうかは無視して、制限なく書いてみてください。貪欲に行きましょう。

このワークをすると「だったらハワイに住んでみたいな」とか、大きな夢が出てくることもあれば、すごく現実的に「義理のお母さんとの同居をやめたい」というようなものが出てくることもあります。夢は大きくても小さくても、現実的でも壮大でも、何でもＯＫ。

そこで書いたことを、片っぱしから一つずつ実現しましょう！　いまは非現実的な夢と思うかもしれませんが、それを「叶うわけのない妄想リスト」にするのか、**「私が叶えるタスクリスト」**にするのかが、あなたの人生を大きく左右します。叶える方法が分からないものは、わかるまで寝かせておけばＯＫです。タスクリストの中には、案外、最初の一歩を踏み出すくらいなら、明日からでも可能なこともあります。それを「今週のＴＯ ＤＯ」に落とし込んでもらっています。現実的に、１つ１つ行動していくところまでが、このワークです。１日１つずつでも、３日に１つでも、あなたのペースでかまいませんので、そのリストをクリアしていきましょう！

KIKO'S TIPS

大きな夢でも一歩目は
今日から踏み出せる

CHAPTER 3

ネガティブ感情の乗り越え方

恐怖
～自分に鞭を打たない

ここでの恐怖は、「これからを新しい私で生きよう」と決めているからこそ、出てくる怖さです。

先にお話ししておきたいのは、**恐怖や不安というのは顕在意識（エゴ）から来ているということ。**

魂の声が「恐いからやめようよ」と言うことはありません。魂の声は「前に進んでみようよ、行こうよ」という、前向きなものでしかありません。

自分の中で、恐怖の感情に引っ張られてしまうときは、魂の声と、思考の声の区別がついていない状態です。「怖いよ、やめようよ」というのを、魂の声だと勘違いして「やっぱりやめよう」となってしまいがちです。魂の声と、思考の声を区別し、判断することが重要になってくるのですが、実はこれは簡単です。「以前の私がいかにも言いそう、思いそう」ということは、基本的にエゴです。

特に、自らアクションをしなければいけないとき、つまりバンジージャンプをするときには、恐怖感が出ます。そのときにやってほしいのは、98ページでも書いた通り「怖い気持ちに全力で寄り添う」こと。そこで自分に鞭を打つと、余計に怖くなってしまいます。「怖いよね、すごくわかるよ。こんなに怖いのにチャレンジしようと思ってて、ほんと偉い！」「怖がりなのにやろうとしている私、凄い！ かっこいい！」みたいに、全力で自分を褒めてあげてください。最初はもう、わんわん泣いてみるとか「やっぱり嫌！ やめる！ やらない！」と、気持ちのままに、口に出してもいいんです。そういうふうにしながら、でも結局「やる」というところへ、気持ちを持っていく。赤ちゃんをあやすような気持ちで、「よしよし、怖いよね。ちょっとだけ、やってみようね」と自分を諭すようなイメージです。私自身、この「自分に寄り添う」というのを、すっ飛ばしていたときがあって、そのときは、見事に体調不良になり、熱まで出ました。ついつい勢いで「大丈夫！ できるよ！ 頑張ろう」と自分の気持ちを無視し続けたら、結局、その体調不良は1か月も治りませんでした。寄り添えていなかったことに気づいて、自分自身に「大丈夫じゃなかったよね、気持ちを無視して本当にごめんね」と謝って寄り添ったら、「全然大丈夫じゃなかったのに、分かってもらえなくて辛かった……！」と抑えていた気持ちが溢れてきました。そういうのをやり切ったら、ものすごくすっきりして、ようやく体調が戻り、恐れていたチャレンジも、大成功を収めました。

改めて、やっぱり怖さはねじ伏せちゃいけないなと、すごく思いました。「頑張るのが普通」と思っている人ほど、「やれるやれる」「大丈夫、大丈夫」が口癖になっているかもしれませんよね。多くの人が子どもの頃から「痛くない痛くない」「泣かないの！」と育てられてきて、我慢するクセがついてしまったのかもしれません。もちろん、バンジーのやり始めでは、自分を鼓舞して「いけるよ！」というふうに、背中を押すことが必要なときもありますが、バンジーをするときは励ましと寄り添いの両方が必要だなと思いました。「怖いよね、でもこんなことやれるなんて凄いよ」と自分に寄り添うことで自己肯定感も上がりますし、これをやってあげられるのって本当に自分自身しかいないんです。

KIKO'S TIPS

恐怖心をねじ伏せない

落ち込みやすい〜「それが当たり前」と考える

バンジーをすると、一時的に意識が拡大して、ハイ状態になります。しかし、意識の拡大の後には、必ず収縮が来ます。収縮期は落ちているような感覚になりますが、**悪いことが起こっているわけではありません。**なので、「なんで落ち込んじゃうんだろう」ではなく、「次は落ち込むタイミング」というふうに、当たり前に受け取りましょう。

バンジーに限らず、私自身、普段から些細なことで落ち込みやすいので、以前は周りの人を見て「あの人は、ポジティブでいいな」なんて思うこともありました。でも、そういう方に「落ち込むことないですか？」と聞いてみると、ほとんどの方は「落ち込むこともたくさんありますよ」と教えてくれました。ポジティブな人は、落ち込まない人ではなく、落ち込んでも、早く戻れる人なんですね。

ただ、やっぱり落ち込んでいるときは、しんどいものです。落ち込むことは当たり前だとわかっても、早く通常モードに戻れるようにしたいですよね。

どうすれば一番いいかというと、ここでも「全力で自分に寄り添う」ことです。

自分に「そんなことでネガティブになっちゃダメ」と否定したり、「そんな小さいこと、気にしなくても平気だよ」と、落ち込みを打ち消そうとすると、逆に長引きます。私も当初は「なんでこんなに落ち込んじゃうんだろう……。こんなにポジティブな考え方を学んで、自分の状態が大事だとわかっているのに……」と余計に落ち込んでいました。なんとかしたいから、自己啓発書を買って、行動しようとしてしまっていましたが、これはよくないやり方でした。これは体調が悪いときに、エナジードリンクを飲んで無理やりがんばっているようなもので、結局、対症療法にしかなりません。そんなことよりも、まずはとにかく休むことが大事なんですよね。「悲しいよね」「なんだか気持ちが落ち込んじゃうよね」と全力で自分を肯定する。

たとえば、一生懸命に仕事をしていたのに、会社で左遷のようなポジションに配置転換になったとします。「あんなに会社のことを考えていたのに本当に悲しい」

と正直な気持ちを認めて、「すごく頑張って仕事してたのに、本当につらいよね」と、自分がその気持ちに寄り添う。決して、「こんなことがあっても、私は大丈夫！」と強がらない。そして、感情を出し切ったら、自然と気持ちが上向きます。そして、感情の絶対量は変わらないので、それを早くやり切ったほうが、かえって早く通常モードに戻れるということです。

私も、そのことに気づいてからは、落ち込んだときは、カーテンを閉じて、部屋を真っ暗にして、キャンドルを灯して……と感情をしっかり味わう方向へシフトしました。わざと悲しい音楽を聴いたり、映画を観たりして、どっぷり悲しみに浸ることもあります。今では、そのサイクルがわかってきたので、バンジーをやると決めたときや、すごく楽しいイベントなどがあるときは、「この後はきっと、収縮期だから落ちてるだろうな」と予想して、あらかじめ無理のないスケジュールにしたり、人と会う予定を入れないようにしたりして、調整しています。家でゆっくり過ごす以外は、自然のあるところへ行ったり、おなじみのカフェに行ったりと、絶対に落ち着けるとわかっている場所にしか行きません。

バンジーの後の落ち込みに対して「せっかく好転したと思ったのに、また元に戻ってしまった」と考えるのではなく、「意識が拡大して変わったからこそ、起きてることなんだ」ととらえてくださいね。

KIKO'S TIPS

拡大と収縮は必ずセット。繰り返しながら成長するもの

人からの反応に落ち込む
～新しい仲間を探す

前項では、バンジー効果で「意識の拡大と収縮」が起こってメンタルが下がる、という話をしましたが、ここでは、バンジーをしてあなたが変わることによって、外からいろいろ言われて落ち込む、というケースを扱いたいと思います。

やったことに対して「前のほうがよかった」「なんで急にそんなことを言うの？」と、ネガティブな反応がくると、なかなかこたえるかもしれませんが、これは「どれくらいあなたの覚悟が決まりましたか？」という、見えないお試しです。これは、あなたが実際に、変わってきているという証拠でもあります。

バンジーをすることで「変わっちゃったね」と言って、人が離れていくこともありますが、その人とは、そこまでのご縁だったということです。本当にあなたに必要な人は、一時的に離れたとしても、また戻ってきてくれます。

それでも、ネガティブな反応が多く、落ち込んでしまって、バンジーを続けるのがつらく感じられるようであれば、仲間を見つけましょう。今の時代、近くに仲間がいなくても、ＳＮＳで仲間を見つけられます。同じように、チャレンジをしようとしている人たちと、ＳＮＳでつながり、逆に、これまでの友人や同僚などの投稿は、一時的にミュートにします。同じような価値観や、境遇の人たちの投稿で、フィードを埋めるんです。別に新しくアカウントを作ってもいいでしょう。そうすると、不思議と**バンジーをしていることやチャレンジが普通の感覚になってきます。**ＳＮＳを使って、味方しかいない世界を、自らつくることは可能なのです。これまで大げさに捉えていたことも「みんなもやっていることだし、大したことないな」と、捉えられるようになってくるので、おすすめです。

KIKO'S TIPS

ＳＮＳで応援し合える世界をつくろう

不安
～みんな不安になっていると考える

最初にお伝えしておきたいのは、「バンジーを飛ぶ↓不安になる」というのは、必ずセットで起こることなので、不安になっても大丈夫ということです。あなたが弱いのではなく、誰でもバンジーの後は、不安になっています。そう思えば、少し安心していただけるのではないでしょうか？

潜在意識が完全に書き換わるまでに、ブロック外しはたいてい、一度きりでは終わりません。何度もお試しが来ます。たとえば、「怒るバンジー」をした場合は、「この場面でも怒れますか？」「相手がこの人の場合でも怒れますか？」と、何度もお試しがきます。そして、自分自身も続けていくうちに、ふと「さすがに怒りすぎじゃないかな」「あの人にもあんなこと言っちゃったけど、よかったのかな……」と不安がよぎったりします。真面目な人ほど、もしかしたら、取り返しのつかないことをしてしまったのでは、と気が気でなくなります。

たとえば私の場合、髪型を思いきり変える、というバンジーをしたとき、思い切って美容院に行って、変身は成功したものの、その後に本当にこれでよかったのかと、不安がついてまわりました。後悔はしていなかったのですが、誰かと会う度に「いきなりこんな感じになっていて、何か思われないかな……」と思っていました。

この「大丈夫かな」「どうしよう」という気持ち自体が「お試し」で、「このまま前に進みますか？　それとも元に戻りますか？」と、言われているようなものです。これは「このまま進むなら、もう戻らないという覚悟を決めなさい」という最終試験であると同時に、**「本当に怖いんだったら戻ってもいいよ、まだ間に合うよ」という救いの手でもあります。**

1回のバンジーで現実がサクサク変わっていけばいいのに……と思うかもしれませんが、これはお試しという名の、猶予を与えてくれている「潜在意識の優しさ」ともいえます。

せっかくバンジーをしたのなら「元には戻りたくない」と思う人が多いと思います。こういう不安が出たときに「ただの副作用だよね」と捉えて、スルーできるかどうかが、ポイントになります。「この不安が出るっていうことは、戻ったほうがいいというお知らせ？」と、誤った理解をしてしまったり、続けない理由をわざわざ集めたりするのはNG。不安が襲ってきたら「そのうち、この不安も消える」と思いましょう。好きなことや、集中できることをして、気を紛らわすのも手です。

不安が出るということは、それだけあなたが大きく変わったという証拠。微々たる変化であれば、そこまで不安も感じません。家族や周りの人の反応で、また不安になることもあるかもしれませんが、「周りも気づくくらい変われているんだ、凄いな私！」と褒めてあげるくらい、前向きにいきましょう！

KIKO'S TIPS

不安は絶対出てくるもの。スルースキルをつけよう！

怒り
～抑えずに、外に出すこと

これまで怒りを溜め込んできていた人ほど、バンジー後には、芋づる式に怒りがあふれ出てきます。それを一度、全部出してあげましょう。怒りを出し切ることで、自分が本当に言いたかったことに気づくことができます。

これまで「怒っちゃいけない」というブロックがあった人は「怒っていいんだよ」と許可が出た瞬間に、あれもこれもと、滝のように怒りが出てくることがあります。

そういったことを掘り下げていくと、最終的に、相手に対する怒り以上に、そのときの自分に対しても怒っていたんだ、と気づくことも多いのです。怒りの出し始めは「あの人があんなことを言わなければ、今頃こうだったのに」とか「あのとき私の話を聞いてくれなかったから、こんなことになった」とか出てきますが、その感情をすべて解放してあげると、「あんなに嫌なことを言われたのに、嫌とも、やめてとも言えていなかった」とか「冗談風に言うんじゃなくて、ちゃんと怒ればよかった」というふうに、言われるがままになっていた自分自身に怒っている、ということが腑に落ちてきます。「これって、結局相手に言いたいことではなく、私が私に思ったことなんだ」ということにも気づくでしょう。相手に言いたかったことは、実は「私が、私に言いたかったこと」なんですね。その一方で、どういうときに自分の怒りが湧きやすいのか、ということが見えてくると、怒らなくて済む環境を、自分でつくろうという対策も、できるようになってきます。たとえば、自分を雑に扱う人の近くには極力寄らないとか、仕事で行き詰まっているときには、無理して恋人と会わないなど、現実的な対策を立てれば、そもそも怒りを感じること自体を減らせますよね。

ただし、いきなりこの対策を立てようとしても、うまくいきません。まずは一旦、これまで溜め込んだ怒りを、全部出してしまうというプロセスが大事なので、勇気を出して、全部出し切ってみてください。

また、怒りを抑えない方がいい、もう一つの理由は、**怒りポイントには、あなたの才能や、得意なことが隠れているということ。**怒りを感じる部分というのは、こだわりが強かったり、理想がちゃんとあったりする部分なのです。「これがいい」「これはだめ」という価値観がハッキリとあるということは、その部分へ強い関心を持っていて、あなたが大切にしていることなのです。

たとえば、あの人は身だしなみにうるさいとか、お金のムダ遣いに厳しいとか、そういったことです。私の場合は、それが言葉で、「なんであんな言い方するんだろう」「こんなにマイナーな漢字をテロップに使うなんて、不親切だなぁ」というふうに、自分でもびっくりするくらい、細かいんです。でも、そのおかげで、言葉選びを褒めていただいたり、説明がわかりやすいと言っていただいたりすることも、多いのです。だから、反応する部分が、やっぱりその人の才能に直結していると思うんです。私も、あるとき「私が怒っているときって、人の言葉に対してのことが多いなあ」というふうに気づいて、言葉をとても大切にしていることに気づきました。なので、自分の本当のやりたいことを探している、自分の強みに気づけていないという人は、怒りポイントに着目してみてください。

一点補足をすると、根っから怒りが湧かない、怒りを感じること自体が、本当にないという方も、たまにいらっしゃいます。こういう人の特徴は、自分がやりたいことやこだわりが、本当にないということ。怒っている人を見ても、「すごいなぁ、あんなふうには私は怒れない」と思うこと（怒りを抑えている場合は、怒っている人を見ると、怒りや嫌悪感が湧きます）。そういう方の場合は「怒り」ではなく、「悲しみ」や「かわいそう」「助けたい」のような、怒り以外のよく湧き上がる感情をヒントに、才能を見つけていくことができます。

KIKO'S TIPS

**溜め込んでいた怒りを
制限なく外に出してあげる**

見栄、プライド
～「最低な部分」を認める

見栄やプライドのブロックがあると、何かと言い訳をしたくなります。何かに失敗したときや、思いがけず相手を不快にしてしまったときに、素直に謝れなかったり、言い訳をしようとしたりするのは、ありのままの自分を受け入れられず、プライドを優先しているときです。

実は**「ありのままの自分を受け入れる」ことを一番邪魔しているのは、見栄やプライドなんです。**たとえば、友人を家に招いたときに「今日は散らかってて……（いつもはもう少しきれいなんです）」、カラオケで「今日は喉の調子が悪くて……（いつもはもっと上手なんです）」と言い訳をするのも見栄です（ちなみに、私もよくやっていました（笑））。なので、そういう感情が出てきたら、まだまだ人の目を気にしている状態です。

どうして、そんなふうに言い訳をしたくなるかというと、ありのままの自分を否定しているからです。本当は、どこかで自分自身も、それをわかっているはずですが、言い訳をしたくなるのは、「全然自信がなくて、うまくできない私だけど、それでも大丈夫だよ」と、自分に言ってあげられない状態なのです。ここで言う「大丈夫」は、「私ならできるよ、大丈夫」という意味の「大丈夫」ではなくて、「私って全然ダメだよね、それでも大丈夫」という意味の「大丈夫」です。ありのままの自分を愛している人は、「自分って最低」という部分を、一度、自分に突きつけてきています。実際に、自分のダメなところは、自分が一番よく知っています。その部分を、本当の意味で、受け入れるということができないと、虚像の自分しか、愛せなくなってしまうのです。自分を大きく見せたり、悪いところから目を背けたりすることではなく、ありのままの自分を直視して、ダメなところはダメだと認めたうえで「そんな私でも、できることをやっていけば、私らしく輝けるはずだ」と思えれば、それは本当の意味で、自分を受け入れていることになるはずです（「自分はダメ人間」と全否定するのではなく、「この部分はダメ」という認め方です）。

私の友人は、1年くらいかけて、そのチャレンジをしていきました。彼女は、以前はプライドが高くて「人に謝る」ということが難しく、それが原因で、パートナーとはよく揉めていました。よく観察すると、単純なミスや、思い違いといった、軽いことなら問題なく謝れるけれど、「悪意はなかったけれど、配慮が足りず、結果的に相手に嫌な思いをさせた」という状況が、一番難しいと気づいたそうです。掘り下げると、彼女は「無神経な私」が自分でも嫌いで「悪気がないことを謝る」＝「無神経な自分を認めることになる」という思い込みから、抵抗感が出ていたようでした。客観的に聞いていると「さっさと謝ればいいのに」と思うような内容なのですが、やはりブロックがある本人にとっては、歯を食いしばらなければいけないくらい、辛いことなのです。そんな彼女は、一歩ずつ、できるところからバンジーしていきました。

　まずはＬＩＮＥの「ごめんね」スタンプを使ってみる、それができたらメモに「ごめんね」と書き置きをしていく、などから始めました。ですが、やっぱり直接口で謝るということがなかなかできず、「ちゃんと言葉で謝る」か「パートナーと別れる」かという究極の選択を、自分に課したそうです。彼女にとっては、パートナーとの別れが、一番避けたいことだったので、別れないために、自分に発破をかけて、「謝るバンジー」をたくさんしたと聞きました。彼女にとって、「謝るバンジー」は「無神経な私でも大丈夫」と、認めることにつながります。そうすると、パートナー以外の対人関係も変わっていき、どんどん愛されキャラになっていったのです。

本人いわく、「謝ったら負け」という思考だったため、謝ることができなかったけれど、できるようになったら、「ちゃんと謝れてすごいね」とパートナーの彼に褒められるようになったそうです（それまでは何をやっても、彼が全然褒めてくれないと悩んでいたのに、です）。そして、謝ることすらできなかった、プライドの高い私なのに、周りの人はこれまで、どんなに温かい目で見守ってくれていたんだろう、とんでもなくありがたい環境にいたんだ、と感謝があふれたそうです。

気づいたら、周りが見えていなかったとか、頑張っているのに、ミスをしてしまうとか、悪気がない部分を謝らなければいけないと思うと、辛いですよね。私も、変えられないところは「わかってよ、しょうがないんだもん」と気持ちでは、言いたくなることもあります。変えられない部分は、無理に直さなくていいし（というか直せないし）、自分を責める必要もありません。ですが、「だから一切謝る必要ナシ」とも思いません。周りと調和して生きていくために、謝ることも、ときには必要ですよね。「謝るバンジー」というのは、失敗した自分、間違った自分を自分自身が受け入れるということでもあります。プライドや見栄のブロックを外して、ダメな自分を認めることで、本当の意味で「ありのままの自分」を好きになっていきます。

KIKO'S TIPS

**「自分はダメだ」と認めることが
自分を本当に好きになることにつながる**

罪悪感～帳尻を合わせようとしないこと

バンジーを飛んだあとに罪悪感を持ってしまう、という方も少なくありません。

たとえば、それまで、家を空けたことがなかった主婦の方が、初めて旦那さんに子どもを見てもらって、週末に旅行したとします。そうすると、バンジー後の収縮期間がきて、「こんなことしてよかったのかな、夫や子どもに申し訳ないことをした」と罪悪感を持ってしまって「あのとき見ていてもらったんだから、今週はいつも以上に頑張ろう」とか「来週末は夫を優先しないと」というふうに、帳尻を合わせようとしてしまうんです。でも、帳尻を合わせてしまったら、バンジーの意味がなくなってしまいます。きっと、これまでずっと一人で子どもを見てきたはずです。なので、そこで罪悪感を持って、お返ししなくても大丈夫。しかもこれ、旦那さんに直接的に何かを言われたわけでもないのに、自発的にやってしまう人がすごく多い印象です。もちろん、「これからは絶対に、相手優先で考えないでください」というわけではありません。しかし、バンジーのときは特に意識して、帳尻合わせをしないようにしてほしいのです。

夫婦間だけではなく、職場も同じです。忙しい職場で、有休を思い切って取ったけれど、罪悪感に襲われて、次の日頼まれてもいないのに、残業をしてしまう人もいます。もちろん、「昨日休んだから、今日はこれやってね」と言われたのであれば、考えてもいいと思いますが、罪悪感から勝手に空気を読んで、先回りする必要はないと思うのです（相手に頼まれた場合でも、気が乗らないなら「できません」と言えるのがベストです）。

ただ、罪悪感で苦しくて、「これ以上、自分の意見を主張するのが難しい」と思うのなら、頼まれた残業を引き受けるという選択も、ありでしょう。その場合は、「本当は嫌だよね、でも断るのもまたしんどいから、今回は受け入れて、次は断ろう」と、ここでも自分に寄り添ってあげましょう。自分に**スパルタすぎて、バンジーを挑戦することすら嫌になってしまっては、本末転倒ですからね。**真面目な人ほどやりがちですが、「バンジー中だから、断らないといけなかったのに、残業しちゃってる私はダメだ」と自己否定するのではなく「今日は残業ＯＫにしよ、やるからには楽しもう！」と、切り替えることも大切です。「やらされているのではなく、罪悪感から自分をラクにしてあげるために、自ら進んでやると決めた」と思えれば、他人軸ではなく、自分軸。嫌々ではなく、清々《すがすが》しく、やることができると思います。断れず、自分の本意ではないことをやることになったとしても、マインド次第です（ただし、自分に嘘をつくのはＮＧ）。「私はそれを、自らの意思で、選択してやっています」と思えるなら、バンジーを完璧にクリアできなくても、大丈夫です。理想通りにいかなくても、勇気を出してバンジーした事実は消えないので、安心してくださいね。

KIKO'S TIPS

罪悪感から行動していないかチェックする

うまくいかない
〜受け止め方を変える

ここでは、思い切ってバンジーにチャレンジしたものの、うまくいかずに投げ出したくなった場合の考え方について、お伝えしたいと思います。

パートナーシップに問題があり、相手の暴言にうんざりしているという相談者さんがいました。これまでは黙って耐えてきたので、「ＮＯを言うバンジー」にチャレンジしてみました。ところが、1度目も2度目もうまくいかず「暴言が全然止まりません……」という状況がありました。このときは、ステップを少し戻して、より深く掘り下げをしてもらうということをしました。そうすると、

「暴言を吐く相手が絶対に悪い、どうしたらやめてくれるんだろう、どうしたら相手は変わってくれるんだろう」

↓

「相手に変わってほしいとばかり思っていたけれど、本当は、自分のことを愛して

ほしいし、もっと大切にしてほしいということを言いたかっただけかもしれない」というふうに、本心と思っていたところの、さらに奥にあった気持ちに気づいたのです。

そこで、その深いところにあった、本当の気持ちを伝えてみたところ、パートナーの態度が激変。あんなに暴言を吐いて、文句ばかり言っていたのに、積極的に家事をやり始めたり、ねぎらいの言葉までかけてくれたりするように。まるで別人のようになったそうです。これは相談者さん自身が「絶対に相手に変わってほしい」という結果に執着していたのがなくなったこと、そして、自分の本当の気持ちに気づいたことによって、相手への愛情や、感謝を思い出したからです。

まだごく稀にパートナーが暴言を吐くということはあるようですが、暴言への捉え方が以前と全く違うものになったそうです。「相手も悲しくて、思いが伝わらなくて怒ってしまってるんだな」「今までだったら、私が反論して余計にヒートアップしていたから、ここはスルーしよう」というように、以前と異なる反応ができるようになったそうです。そうすると、暴言はめったになくなりました。相談者さん自身も、「パートナーに愛されていない」と思っていたけど、「愛してくれてはいる、ただ不器用だから、こんなふうになっちゃうんだな」と、思えるようになったと言います。相手への執着がなくなると、自分軸で選択ができるようになります。たとえば、「暴言を吐かれるのは嫌だけど、それ以上に大切な存在だから、別れない」なのか「愛されていても、暴言を吐かれるのはやっぱり嫌なので、別れる」なのか、というように**（執着があると「相手が変わる」を選択肢に入れてしまいがちですが、これは自分軸ではないのでNGです）**。

バンジーすることで、現実的にすぐ状況が好転すればもちろんいいですが、必ずしも、それだけがすべてではありません。状況は変わっていなくても、本人の受け止め方が変わることのほうが、よっぽど意味のあることなのです。

KIKO'S TIPS

相手の変化以上に価値のある
潜在意識の変化が訪れることもある

諦め～お試しを失敗ととらえない

諦めているときは、どんなときかというと「どうせ無理」か「やっぱりだめ」の2種類がほとんどです。

「どうせ無理」のほうは「めんどくさい」と密着していることが多く、「やるのがめんどくさいだけで怖くはないので、バンジーする必要はありませんよね？」と聞かれることも、よくあります。でも実は、それがブロックなのです。

では、バンジーすべき「めんどくさい」と、単純に気が乗らない「めんどくさい」は、どう見分ければいいでしょうか。たとえば、日常的に家事を10年やってきている人が「あ～、家事やるのめんどくさいな」と思ったとします。これは、ただ単に、そのときの感情で「やれるけど、やりたくない」という状態なので、「諦め」ではありません。「やるのがそもそもめんどくさい」というのは、何か新しいことを始めるときや、まだ習慣化されていないことに、取り組むとき。たとえば、習いごとを始めたいけれど、入会の手続きがめんどくさいというのは、諦めのブロックからくる「めんどくさい」です。**やったところで、明るい未来が描けない、どうせ自分は続けられないという気持ちが根底にあるから「始めるのがおっくう」となるのです。**

バンジーは、自分にとって、本来やりたくないチャレンジなので、ある意味当然の反応かもしれません。なので、「あ〜、またまためんどくさいのやらないといけないのか」という気持ちになったときは、逆に「あっ、ということは、これはやったほうがいいバンジーなんだな」と気づいて、ポジティブに変換しましょう。お試しのバンジーが来るということは、あなたが成長しているという証拠ですからね。

それよりも厄介なのは、「やっぱりダメ」のほうです。一度バンジーを飛んだことに対して、再びお試しで似たようなことが起こったときに「またこんなことが起きるなんて、やっぱりダメなんだ」と諦めてしまうケースです。

たとえば、パートナーシップで夫とよく揉めていた人が、バンジーをした後、「あれ以来、夫も怒鳴らなくなりました！」とか「私も怒りが頂点に達するようなことはなくなりました」というご報告がよくあります。ですが、半年程たって、また前のような状況になることがあります。これは変化しているからこそ、起こる「お試し問題」なのですが、本人からすると「せっかくあんなに頑張って乗りこえたのに、また一からやらなきゃいけないなんて、もう無理。やっぱり私たちはダメなんだ」というように、諦めてしまうことがあります。これは、本当にもったいないんです。何が起こっているかというと、「前と同じ問題ですが、新しいあなたなら、ブロックがあった頃と違って、正しい方法でクリアできますよね？」という、潜在意識からの卒業試験なのです。そのバンジーさえ終えられれば、本当に、「書き換え完了」という段階です。バンジー前の自分に戻ってしまったわけではないので、そのお試しに引っかからないように、気をつけてくださいね。大丈夫、すでに過去にクリアした問題の復習ですから、落ち着いてクリアしましょう。

KIKO'S TIPS

諦めの気持ちが出てきたときは、試されているとき

CHAPTER 4

願いを叶えやすくするために

目の前の現実を拡大することから始める

この本を手にとってくださった方は、キラキラな未来を引き寄せるぞ！というよりは、いま目の前にある問題や、悩みを解決して、ラクになりたい、という気持ちの方も、少なくないかもしれません。実際に、問題をひと通り解決した後に、これからどうしていきたいかを考えてみたら、特に何も浮かばない、というふうになる方も、結構いらっしゃいます。これは「今は特に問題はないから、これ以上望みはない」と感じている状態なので、そういうときは、いったん目の前から離れて、**「10年後にどういう生活をしていたら理想？」**を考えてもらいます。10年あったら、良くも悪くも、どうなるか分からないですよね。ここでは、これまで、目の前の問題に振り回されて、休む暇もなかった方が、それらから解放されたときに、もっと最高の未来を描くための願いごとの設定の仕方を、ご紹介します。

これまで「これが問題、あれも問題」と現実を減点方式で見ていた人は、明るい未来を想像するのが苦手、という特徴があります。制限のない状態で、自由に望むということが苦手で、どうしても、今の延長線上で未来を考えてしまう人は、些細なことから制限を外していきましょう。

食事なら、「本当は甘みの多いブランドの野菜にしたい」「調味料もお取り寄せしたい」と出てくるかもしれません。入浴なら、「特別な日だけ使っている入浴剤を毎日使いたい」とか「ボディソープはあのブランドがいい」とか、それくらいの細かいことからでもいいんです。そのレベルで、少しずつ、少しずつ「何をやったら最高な毎日になるかな？」と考えて、自分に許可をしていってみてください。

私もそういう細かい部分では、無意識に、制限していることもありました。たとえば、友人とランチに行くのはいいけれど、一人でいるのに「料理するのがめんどくさいから」という理由で外食するのは、なんとなくダメだと思っていました。誰にも言われていないのに、「一人のランチで二千円は贅沢かな、デザートは帰りにコンビニで買えばいいし……」と、意味のない制約を、無意識に設けていました。そういうところから、ひとつずつ許可をしていって、一人だけどホテルのラウンジで食べてみる、そのときの気分で、好きなだけデザートもつけてみる、というようにやっていけば、少しずつ目の前の現実を拡大していけます。そうすることで、次の望みが見えてくるようになりますよ。

逆に、今思い描いている望みが、本当の望みなのか、チェックする必要もあります。いまはＳＮＳで、どんどん他人の情報が入ってきてしまうので、知らず知らずのうちに、ないものねだりで、いいと思い込んでいるということもあります。しかし、本当にそれが自分に合っているかというのは、実際にやってみないとわかりません。

たとえばいまなら、ハイグレードな家電も、ブランドバッグもレンタルすることができるので、すぐには買えなくても、実際に体験してみることができます。私も、長く使えるから、とブランドバッグを買ってみたのですが、自分が飽き性なので「同じバッグをずっと使うのは自分にはあまり合わないかも」と思い始めました。他にも、実際に使ってみて、「いい素材なだけに、バッグ単体でも重いな」とか「気兼ねなく床に置けるくらい、ラフに扱えるもののほうが合っているな」ということに気づきました。

ハイブランドは「あこがれ」「かっこいい」というイメージもあると思いますが、使ってみてこそ見えてくる、自分の価値観に気づきました。たとえば、バーキンを見て、ワクワクよりも、違和感を感じたら「今のあなた」の望みはまだそこにはないかもしれません。今使っているバッグの、ワンランク上のものを使うほうがしっくり感じるなら、まずそこから始めて、少しずつ、次の望みを出していった延長線上に、自然と、バーキンの選択肢が出てくる未来があるかもしれません。あまりに遠くてワクワクしないときは、小さいステップに分けていくことで、ひとつひとつが、すぐに叶えられるものになって、現実が変えやすくなります。また、その過程でみんなが理想としているもの、キラキラして見えるものが、私の正解なわけではない、と気づけると思います。そういう意味でも「まずはお試し体験してみる」はおすすめです。そして、みんなにいいと言われているものを、本当に、自分自身も価値を感じるのであれば、それは「他人にアピールできる」「この年ならこれくらいのものを持つべき」という、他人目線の価値観よりも、私らしい選択をしていけるはずです。

KIKO’S TIPS

まずはお試しできる方法はないか探す

制限なく願いを設定する方法～まずは視点を変えてみる

願いごとを自由に言ってみてください、という話をすると、たまに「どうしてもみっともない気がしてできない」とか「これくらいでいいです」という制限が強い方がいらっしゃいます。たとえば、「6億円宝くじで当たったら、どう使いますか？」という問いに「全額寄付します」と答えられた方がいました。今すでに満たされているわけでも、普段から進んで寄付をしているわけでもないのなら、その答えには違和感があります。この場合は「お金に欲を持つのはいやしいこと」「自己犠牲をしてでも、他人に与えるべき」という、制限が強い可能性が考えられます。

ここでは、そんなふうに自分への制限が強くて、本当の望みがわからなくなっている場合に、視点を変えるアイデアを、いくつかご紹介できればと思います。

・制限なく生きている人と、行動を共にさせてもらう

制限なく自由に生きている人や、とても豊かな人と一緒に行動させてもらうと、ポロポロとブロックが外れるので、とてもおすすめです。私も以前、会食をしたときに、ある方が、都内から千葉のご自宅までタクシーを呼んでいるのを見て、衝撃を受けたことがあります。「意外と安くて１万円くらいで行けちゃうんだよ〜」とサラッとおっしゃっているのを聞いて、「タクシーに１万円はＮＧ」と無意識に制限をかけている自分に気づきました。

周りにそういう人がいない、という場合もあると思います。その場合は、そういう人たちがＹｏｕＴｕｂｅにあげている動画を見る、スタイルブックを買う、などでもいいと思います。私はタレントのローラさんが好きなので、彼女の動画を見ていますが、ＹｏｕＴｕｂｅｒさんが「家賃１００万円の家に住んでみました！」とか「豪邸のルームツアー」のような動画も投稿されていたりするので、そういうものに触れて、「そんなことってありなんだ！」という選択肢を、自分の中に入れてあげましょう（今すぐにできなくても「そんな世界に私もいつか行こう♡」と思わせてあげるだけでＯＫです）。

・欲に優劣はないと知る

欲というと、お金がたくさん欲しい、たくさんの人にモテたい、地位や名誉が欲しい、というものが浮かんできませんか？　でも、「お客様に喜んでほしい」とか、「子どもの喜ぶ顔が見たい」ということも、欲ですよね？　人のためになる欲は尊くて素晴らしいけれど、それ以外はなんだかはしたない、という見方が当然のようにありますが、そんなことはありません。そこに優劣はないのです。どんな欲でも掘り下げると、大元にあるのは、結局「自分の欲」だからです（「他人に喜んでもらえたら、私が嬉しい」ということ）。どうせ全部、同じ価値のものなんだから、遠慮なく欲を出していきましょう。内側から湧いてくる欲を満たすと、人は本当に心から幸せになります。そして、勝手に周りの人へ、幸せが循環するようにできていますから、結果的に他人も幸せにします。

・欲張れば欲張るほどいい、と知る

制限をかけている人は、「欲深いことは悪」という刷り込みをされてきた可能性が高いでしょう。たしかに、昔話の『舌切り雀』のように、欲深い人には罰が当たる、という考えが、日本には根付いてもいます。特に40代以上くらいの方にはそれが顕著かもしれません。でも、欲張るとダメなのではなく、社会全体を見たらむしろ欲張ったほうがいいんです。

欲張っている人って、すごく自分を満たしている人です。自分の欲に忠実であれば、いつもご機嫌ですし、周囲の人も嬉しくなります。気前よくお金を使うので、お店は潤いますし、お金をもらった人は、いい気分でお金を使えます。喜びから支払われたお金は軽やかにどんどん人の手を渡っていくので、世の中に生み出される価値が、増えていきます。欲を満たすことは、結果的に、周りもどんどん幸せにしていくので、欲に制限をかけることは、その循環を止めることになるのです。

そもそも、魂は何かをしたくて、この世に生まれてきているはずなので、欲が全くない人なんて、いないはずなんです。なので、魂の欲に気づいて、それを実現していくということは、魂がいい状態になっていくことなのです。

こうやってお伝えすると、「願いを出したところで、私のいまの月収では欲しいものが買えなくて、叶えられないじゃないですか」「それだとつらいだけなんですけど、欲を出して何の意味があるんですか？」と言われることもあります。でも、そのフラストレーションって実はとても価値があるんですよ。「買いたいのに、買えないなんて悔しい！」「もう稼ぐ！　じゃあどうやって⁉　調べるぞ！」と原動力にしてほしいんです。やりたいのに、叶えられない、その悔しさやもどかしさは、とんでもないエネルギーになります。事実、豊かな人って欲張りです。無理そうなことでも、「絶対欲しい！」「絶対そうなる！」というエネルギー量が凄いので、ぜひ「叶いそうもないから、願うのやーめた」ではなく、「悔しい！　絶対叶える！」と、欲を原動力にしてほしいなと思います。

KIKO'S TIPS

欲深くなれば魂も喜ぶ

自分の願いがよくわからなくなったとき ～二極を経験する

大変なことがあったり、ストレス過多の時期が続いたり、忙しさに振り回されてしまって、願いがわからなくなったときは、「両端を体験する」をやってみましょう。

特に「今まで自分がやらなかったこと」を、プラスのほうにも、マイナスのほうにもやってみることをおすすめします。

たとえば、婚活をしているけれど、自分にはどんなパートナーがいいのか、よくわからなくなってきた、という場合は、「年収5000万円の人」と「年収200万円の人」の両方とデートしてみて、どう感じるかやってみる。実際に会って話を聞いたら、年収は高いけれど、仕事ばかりで全然家に帰れないとか、年収は低いけれど、将来の独立のためにスキルや経験を優先しているとか、今までの思い込みが外れることってよくあります。もちろん、お金に限らず「すごく性格がよさそうな人」と「いかにもちょっと気難しそうな人」といった対比でもいいでしょう。

あらゆるシーンで、自分の価値観、理想を確かめていくのに、二極を体験してみましょう。

ワンコインの牛丼のお店と、高級レストランで食べるのを両方やってみる。田舎の自然で癒されたり、都会で流行を体験してみたり。思いつく限りの「今までやらなかったこと」をやってみるのがいいと思います。忘れないでほしいのは、二極を体験したからと言って、必ずしも、どちらかを選ばなければいけない、というわけではないこと。「そこそこいいな」「これ以上ないくらい最高！」「たまにならいいな」「よかったけど、ちょっと疲れるな」など、いろんな感じ方があると思います。その中で、自分にとっての「ちょうどいいこと」を見つけていきましょう。**このバンジーで大切なのは「私の価値観を再定義する」ということ。**「ときめくもの」はすべて「好き」に入れてみてください。ただ、その中に、経験していないのに「好き」と思い込んでいることはありませんか？　実はそれ、ダミーかもしれません。

まずは、「人生で死ぬまでにやってみたいことリスト」をつくって、順番にやっていくと、純度の高い「好きリスト」ができていきます。私の例で言うと、ＳＮＳで見て、ときめいた一流ホテルが、私の「好き」だと思っていました。しかし、実際に泊まってみると、重厚感のあるインテリアに、あまりときめかなかったのです。一般的な評価の尺度だけで言うと「五つ星が一番」だと思いますが、いろんなホテルやゲストハウス、民泊を経験して、私は高価なインテリアや、丁寧すぎるサービスよりは、設備が新しくて、モダンでおしゃれなところのほうが好きなんだな、と気づいたんです。これも経験したからこそ、気づけたことなので、どんどん経験して、ダミーと、本当の好きなことを、分けていきましょう。

「思いつく願いごとは一通り叶えてしまって、もう何もないかな……」と行き詰まりを感じている人の場合は積極的に人と話してみてください。

私にもそういうふうに「一旦、願いが一通り叶ったけど、このあとどうすればいいかな？」という時期がありました。

理想の家に住めたし、本も出版できたし、ＹｏｕＴｕｂｅのチャンネル登録者数も順調に増えている。あとは今何をすればいいのかな、と思っているときに初対面の人に、「テレビって出ないの？」と聞かれました。「そういえば出たかったんだった！」と思ったので、願いごとのノートに〝テレビ出演〟と書き、「それでいったら、CMも出たいんだった」と思い出し、〝CM出演〟も書き加えました。

人と話すことで、望みを思い出させてもらえたり、気づかせてもらえたりします。聞かれたら即、「イエス」と言えることだったのに、自分ではなぜか、まだノートに書ける内容ではないと思っていたのでしょう。無意識に「私なんかがおこがましい」と決めつけている範囲って、他人に肯定してもらって初めて、望みに許可が出せることもあります。誰に制限をかけられているわけでもないのに、勝手に遠慮していることって、あるものです。もしザワザワしたら、「書くだけ書いてみてもいいよね」と、都度自分に言いながら、書いてみてください。頭の中で「叶ったらいいなー」と思っているのと、ノートに直接書いて、それを自分の目で見る、というのは、潜在意識への影響力が全然違います。

ノートに書くことのメリットは、他にもあります。迷子になって、望みを忘れかけてしまったときに見返すメモの役割もありますし、後から見返して、望みが叶っているのを、改めて実感することもできます。「叶った望みリスト」を残しておくことで、自分の引き寄せ力があることを事実として認識できると、「引き寄せ力」がさらに増します。とにかくメリットばかりなので、どんな望みでも、まずは遠慮なくノートに書き出していきましょう。

KIKO'S TIPS

「経験すること」と「人と話してみること」で本当の願いがわかる

願いごとはルートを指定しないこと〜潜在意識はストレートに受け止める

願いごとを設定するときに、避けたいのは、「ルートを指定する」ということです。たとえば、個人でお仕事をしていたとして、お仕事の成功を願うときに、「予約が毎日３件入りますように」というのも、間違いではありません。ですが、掘り下げて考えたときに、本当に「毎日３件」が一番重要なのでしょうか。月に欲しい売り上げを、客単価で割ったら「１日３件」という出し方をした望みだとしたら、ちょっと立ち止まって考えてみてほしいのです。この考え方のせいで、実は叶うまでに、すごく遠回りになるかもしれないのです。メニューの価格自体を上げれば、もっと少ない件数でよくなりますし、予約とは全然違う形で、大きいお金が入ってくることだってあるかもしれません。だから、「１日、予約３件」と細かく指定しなくてもいいんです。

自由に願いごとを書いてもらうと、「あと５キロやせる」と書く方もいらっしゃいますが、ここでは必ず、掘り下げをしてもらっています。なぜ5キロやせたいか聞くと、「やせたらモテるからです」と「モテたい」という、別の望みが出てくることがあります。さらに掘り下げると、本当は「素敵なパートナーと結婚したい」という望みが出てくるのです。やせて好きな服を着たいとか、やせた自分を見てときめきたい、ということであれば「5キロやせたい」でいいのですが、なぜか「本当の望み」ではなく、「今の自分に足りないところを埋める方法」を書いてしまう人は、少なくありません。もちろん、素敵なパートナーに出会うために、ダイエットしようという姿勢は素敵です。ただ、本当に叶えたいのは「素敵なパートナー」のほうで、「ダイエット」ではないので、そこでダイエットにこだわらなくてもいいんです。

本当にやせたいのか、それとも**「やせなくても、このままの私を好きと言ってくれる人が現れる」**ほうがいいのかは考える必要があります。

なので、願いごとを一度、実際に書いてみて、客観視してみましょう。願いの本質を書けているのか、それとも、そこに至るまでのプロセスの部分になっているのかは、チェックする必要があります。この場合なら、「やせていなくてもパートナーさえ好きと言ってくれたら、本当に私は幸せ？」と自分に聞いてみるといいでしょう。特に、普段から、自分の不足部分にばかり目が行きがちな人は、気をつけてみてくださいね。

潜在意識は、望んだことを素直に受け止めます。

なので、前述の例で言うと、真の望み＝「素敵なパートナーと出会い、よい関係を結んで結婚する」なのですが、目標や願いとして「5キロやせる」ということをノートに書いたり、宣言していたりすると、潜在意識のほうも「5キロやせたいんですね、わかりました！」というオーダーが通ってしまいます。しかも、場合によっては、「体調を崩して5キロ減る」というような、しんどい形で叶ってしまうことも。真の望みがサッと叶う状態なのに、自分から、この道経由じゃないと、というふうに遠回りさせてしまっている状態が「ルートの指定」だということです。

KIKO'S TIPS

大事なのはルートの指定ではなくて、正しいゴール設定

願う前に呼吸法と瞑想〜無心に一度近づく

叶ったあとに、「あ、オーダー間違えた！」と思うことって、意外とよくあります。私も「あっ、願うときに、この設定も入れておくべきだった！」と、後になって気づくことが、ちょくちょくあります。特に、私の経験上、自分がすごく焦っていたり、つらいときに、そうなる確率が高くなってしまいます。メンタルがグラグラしているときは、そのままの勢いで願いを決めてしまわずに、**一回、自分をフラットな状態に戻してあげることが必要です。**そこでおすすめなのが、呼吸法と瞑想です。

これは、呼吸や瞑想が、潜在意識と顕在意識の懸け橋だと言われているからです。呼吸は無意識（潜在意識）でも行われ、かつ意識（顕在意識）でもコントロールできる、唯一の存在です。ここで、私のやっている呼吸法と、瞑想について紹介しますので、よければ、ぜひ参考にしてください。

・448呼吸法

この呼吸法はハーバード＆ソルボンヌ大学教授の根来先生が提唱されている４４８呼吸法を私なりにアレンジしたものです。まずは息を吐き切り、４秒かけて、たっぷり鼻から息を吸って、４秒キープ、８秒かけて口から出し切ります。それを繰り返していきます（慣れてきたら、カウントなしでも大丈夫です）。これを繰り返していくと、意識が「無」に切り替わるタイミングがあるので、そのタイミングを待ちます。意識は、ひたすら呼吸にフォーカスします。空気が、鼻や喉や肺を通っていく感覚、お腹がふくらむ感覚など、身体感覚に意識を向けましょう。思考が働いてしまって「無」になれないという方も多いですが、呼吸に集中している状態にできていれば、それで大丈夫です。どうしても、雑念が入ってくることもあると思いますが、そのときは「ちょっと待っててね、後で考えるね」という感じで、雑念を邪険に扱わないで、淡々と受け流していきます。

・瞑想

瞑想は無心になること、リラックスすることができていれば、細かい決まりはありません。先ほどの448呼吸法を行って、瞑想状態に入っていくやり方がおすすめです。無心になるのが苦手な方は、イメージの中で、ストーリーをつくると、やりやすいかと思います。私は「今日は、守護霊に聞きに行く」「インナーチャイルド（内なる子どもの自分）に会いに行く」など、なにかしらテーマを決めて、イメージの中の存在と、お話をするということをしています。

これは、イメージの中の存在から、何か答えをもらうことで、実際は、潜在意識の中にある情報を受け取っているのです。抽象的だとイメージしづらいので、イメージしやすいように、具体的に聞く相手を設定します。守護霊とか、未来の自分とか、亡くなった祖父母とか、何でもOK。あなたが心から安心できる存在を、イメージしてください（ペットやぬいぐるみなど、人間以外でもかまいません）。聞きたいことを全部聞けたら、「じゃあ帰るね、頑張ってくるから、応援しててね」と伝えて、現実世界に戻ってくるようなイメージをすると、意識も元の状態に戻ってきます。

瞑想状態に入ることで、潜在意識と顕在意識を隔てる、クリティカルファクターが開き、潜在意識にアクセスすることができるようになります。クリティカルファクターが開いている状態で、イメージの中で受け取った情報は、ただの妄想と思うと無意味になってしまいます。そこで受け取った情報は「今のあなたに最も必要な、価値あるメッセージ」と信じて、現実世界で活かしていくことが、とても重要です。イメージの中で「あなたは大丈夫」と言われて、そこに納得感があれば、本当に大丈夫な現実になっていくのです。ここでのポイントは、「自分自身が納得している」こと。「そうは言っても……」「でもどうやって？」など疑問を持ったら、イメージの中で、その存在に、そのまま質問してみればいいのです。あなたが腑に落ちたことだけ、現実化すると思ってくださいね。もし瞑想の中で、その存在が答えをくれなかった場合は、またタイミングを空けて、チャレンジしてみましょう。潜在意識は、ベストなタイミングで教えてくれますよ。

KIKO'S TIPS

**焦っているときほど、しっかり
時間をとって呼吸と瞑想をはさむ**

願いが叶いはじめているとき
～感じ方やシンクロニシティ

バンジーしているのに、現実が変わらないと、辛くなってきてしまうことも、ありますよね。でも実は、現実が変わりはじめているサインがあります。そのサインの確かめ方を、ここではお伝えしたいと思います。

①同じ現象でも感じ方が変わる

それは、本人が意識的に「あ、この前と同じパターンの現象だな」と気づくことと、「私の感じ方、変わってるな」と気づくことの、2つがポイントです。これに気づくためには、注意して、自分の内側の感じ方に、意識を向けておくこと。これに気づける人のほうが、現実が変わるのが早いのです。

たとえば、仕事のことで、人から何か注意をされるのが、嫌で嫌でたまらなかったとします。頭では、「相手も自分を嫌いだから怒っているわけではなく、よりよく仕事ができるように、助言をしてくれているのに、心では、「自分が否定されたようでつらい」と感じていたとします。ですが、バンジーをした後には、同じように注意されても、ショックを受けなくなり、むしろ感謝の気持ちが湧いているというように、捉え方に変化があるかもしれません。これは、現実が変わったのではなく、感じ方、つまり潜在意識が書き換わっていることを、意味しています。

私の場合は、お金のブロックが外れたときが顕著でした。当時の私は、本当にお金がなくて、毎日口座残高を見ては「どうしよう、もうすぐ家賃の支払い日なのに」と落ち込んでいました。通帳の残高も、とうにデッドラインを越えて、「本当にこのままじゃ生活できない、なんとかしないと、どうしたらいいんだろう」と、半ばパニックに陥っていました。ですが、ある日、いつものように口座の残高を見たら、いつもの感情が湧いてこず、なぜか、全然なんとも思わない自分がいたのです。そのことには自分自身でも**「あれ？　なんで怖くないんだろう…？」**と驚きました。不思議に思いながら、日々を過ごしていると、１か月後、突然ＹｏｕＴｕｂｅの視聴回数が爆発的に伸びて、カウンセリングの予約もどんどん入り、１か月先まで完売、口座残高がみるみるうちに、増えていきました。

このときを振り返ると、現実が変わるよりも、感覚が変わる方がやっぱり先で、潜在意識はうまくいく未来をちゃんと知っていて、教えてくれていたんだなと思います。この感じ方の変化にちゃんと気づければ、焦らず未来を待つことができます。

しかし、起きる現象にばかり目が向いて、「こんなにやってるのに、何も変化が起こらないなんて」という捉え方だと、その思考こそが、またネガティブな事象を引き寄せてしまうのです。内側の変化に気づく人ほど、どんどん現実も変わっていきます。普段から外側ばかりではなく、自分の内側をしっかり見てあげることが、大切なポイントです。

②シンクロニシティの片鱗が見えてくる

これはまだ、望んだイメージ通りの現実が起きたわけではないけれど、かすかにその片鱗を感じられる出来事が起こってくることを指します。

私の例で言うと、もともと、女性起業家で著者の、宮本佳実さんのファンで（私が起業をするきっかけになったので、佳実さんの本は、自分のバイブルにしていました）、いつかお仕事でご一緒できたらいいなぁ、という夢がありました。

当時、私は１Ｋの部屋に住んでいて、お金が全然なく、単発のアルバイトをするために、初めての場所に向かっていました。普段は時間ギリギリで、早めに着くということは、ほぼない私が、その日に限っては早めに到着し、時間をつぶすため、目についたカフェに入りました。すると、店内に佳実さんがいらっしゃった、ということがあったのです。結局そのときは、緊張して、声をかけることもできなかったのですが、「これは夢が近づいてきている！！」と、強く思いました。行動はしていたものの、現実的にはまだ何も変わっていないし、ＹｏｕＴｕｂｅｒとしての成果も出せていなかったのですが、「理想の現実が近づいてきているはずだ」というふうに思えました。

それから1年後、想像もしていないような形でご縁がつながり、今ではお仕事もご一緒にさせていただいて、プライベートでも仲良くさせていただいています。

そして偶然ですが、現在私は、そのとき佳実さんをお見かけした、あのカフェの近所に、当時思い描いていた通りの、理想の住まいを見つけ、住んでいます（引っ越した後に気づき、驚きました）。思い返してみると、すべての未来の片鱗が、あのときにあったんだな、と不思議な気持ちになります。流れに乗れているときは、ちょっとした偶然のような、小さなミラクルが起こり始めます。佳実さんをお見かけした、あのときに、「声すらかけれなくて、遠くに感じてしまった……やっぱり違う世界の方だ」と感じるのではなく、「理想の現実が近づいてきたんだ！」というふうに、捉えられたことが、すでに、潜在意識の変化が起こっていた証だったんだと思います。実際に、この数か月後に、劇的な変化が訪れました。現実に変化が起こるまでの間は金銭的にきつかったものの、「潜在意識が変わったなら、もうすぐ必ずすごいことが起こる！」と確信できていたので、気持ちは前を向いていられました。なので、こういうお知らせを見逃さずに、キャッチするアンテナを張っておくと、現実が変わるまでのタイムラグも、乗り越えやすくなりますよ。

KIKO'S TIPS

奇跡が起こる前触れは
あなたの感覚が変化を教えてくれる

自分とデートの日をつくる ～自分の気持ちを優先する効能

私は定期的に「自分とデートの日」を設けています。なぜ、こういう日をつくっているかというと、自分を大切にするため、直感力を上げるためです。このデートの日は、自分の直感と感覚にだけ、従って行動します。

たとえば、食べたいものがあればそのお店に行き、その日はお金を気にせず使います。予定は事前に決めず、その日どうするかを毎分毎秒の気分で決めます。たとえば、カラオケを1時間の予定で始めたけれど、延長したくなったらいくら延長してもいいし、逆に「やっぱり1時間は長いかも、もう満足しちゃった」と思ったら途中で出ます。また、目的地に行く途中で気分が変われば、どんなに近くまで来ていても、引き返します。

普段なら「せっかくここまで来たんだから」と思うようなシチュエーションでも、

気分を優先します。「温泉に行きたい」と思い立って、車を3時間走らせていたとしても、気が変わったら、予定変更するのです。とにかく、どんなワガママも、自分に許可してあげましょう。

　これを1日徹底してやってみると、ものすごく満たされた気分になります。徹底的に自分を甘やかすことは、簡単なようで、日ごろ自分を律している人には難しかったりします。今、何が食べたいか分からない、今どうしたいか分からない、と感じてしまうかもしれません。普段、自分の気分よりも、周りに合わせている人ほどそうなります。それでも根気よく、自分の心に、耳を傾けてあげてほしいのです。実は、このときの**あなたの行動が、あなたの現実に、そのまま反映されていくのです。**

　どういうことかというと、お金がもったいないからと、やりたいことを制限してきたあなたが「お金よりも、私の気分のほうが大事！」と思えたら、現実も変わっていきます。「そんなことにお金を使ってどうするの？」と言ってくる夫が、「人生一度きりなんだし、好きなことにお金を使えば？」と言ってくれるようになったという話は、本当によく聞きます。
これは、あなたがあなた自身に、許可を出したからこそ、起こるミラクルです。

KIKO'S TIPS

自分とデート中のあなたの振る舞いが現実で関わる人の行動とリンクする

自分の心地よさに敏感になる
〜日常を上質にする

日常の中にある一つひとつの小さなことって、よく考えると、好きだから、その習慣を取り入れているというよりは、「これまでそうだったから」とか、「何も考えずに、なんとなくやっている」ということも、多いのではないでしょうか。

私は、非日常体験をたくさんするよりも、日常の中の、ささいな一コマを心地よく変えていくことのほうが、強運体質への近道だと感じています。私がやってみたことの例をいくつか出してみたいと思います。

・いつも何も考えずに一番安い牛乳をカゴに入れていたけれど、その時々で、飲みたい牛乳を選ぶようにした。
・近くても気軽にタクシーを呼ぶこと。「もったいない」という気持ちで、最小限に抑えていたが、本当は自家用車くらい、気楽に使いたかった。

年に一回だけ豪華な旅行をするより、こういう日常的な選択のほうが、結果的に大きく影響を与えます。お金をかけることだけを言っているのではなく、たとえば、テレビの音量ひとつでも、35と40だと、どちらのほうが心地いいかな？とか、作業するときの照明は、昼光色か電球色か？　明るさレベルは？　など、小さなことで、心地よさが大きく変わることに気づきました。なんとなく、灯りをつけるのでなく、ちょうどいい明るさにすると、作業効率や、リラックス度が、全然違うのです。意外と私たちは、自分の心地よさに無頓着です。改めて、日常の快適度を上げるために、一つひとつ見直してみましょう。

KIKO'S TIPS

日常習慣を一つひとつ、本当にベストかな？と確かめる

朝のビジョンボード
～理想を潜在意識に入れる

瞑想の項でもお伝えしましたが、顕在意識と潜在意識の間には、その2つを別のものとして分けている、クリティカルファクターという境界線があります。クリティカルファクターが開いている状態のときは、潜在意識に、アクセスしやすくなっている状態なので、外したいブロックがあったり、自分の理想を潜在意識に入れたかったりするときは、クリティカルファクターを開いた状態にすることが近道です。

特に、思考しか信じないという人、論理的であることや、エビデンスが何より重要、というタイプの人は、このクリティカルファクターが開きにくくなっていることが多いです。また**普段から、自分の本音を無視して我慢していると、同じように、開きにくくなります。**反対に日頃から直感を大事にしたり、五感を使って自分の心地よさを追求したりしている人は、クリティカルファクターが開きやすい傾向にあります。

ワーク

寝起きの、まだ頭がぼんやりしているとき、または、もう眠りに落ちそうというような、お休み前のときに、自分の理想を表現した「ビジョンボード」を見る。

寝起きや、夜寝る前の、ぼんやりしているときは、クリティカルファクターが開いていて、潜在意識に情報が入りやすいゴールデンタイムです。ここで、自分がこうなりたい、という情報を入れると、潜在意識に届きやすくなります。ビジョンボードは、写真や雑誌の切り抜きなどを切り貼りした、手作りのものでもスマホの画像でも、文字でも大丈夫です。私の場合は「〇〇になっています」というふうに、理想を文字で書き、ベッドサイドに置いています。ぜひ、日常生活に取り入れてみてください。

KIKO'S TIPS

文字で書く場合はシンプルに短く、がポイント！

小さな日常習慣～自分のコンディションをよくする

潜在意識の力を借りながら毎日を送るためには、自分が心地よく毎日を送り、いい状態でいることが、大切です。毎日の中で、私がやっていることを、ご紹介したいと思います。

◎睡眠を大事にする

睡眠が大事な理由は２つあって、１つめは、眠っているときに、潜在意識の情報が整理されるので、その時間をしっかり取るため。特に、「まだそんな時間じゃないけど眠い」というときなども、体からのサインだと思って、しっかり寝てください。特に、バンジーなどにチャレンジした後や、大きな気づきがあった後は、潜在意識を書き換えるために、眠くなりやすいです。起きていると、どうしても、顕在意識優位になるので、書き換えの妨げにならないように、思考をお休みさせてあげることが大切です。実際に、カウンセリング中や、私の動画を見ているだけでも、眠くなる方もいらっしゃいますが、それがまさにいま、潜在意識が変わろうとしている、という分かりやすい合図といえます。

２つめは、睡眠が足りていないと、直感力が下がってしまうからです。どれだけ頑張って行動していても、直感力が冴えている人と、鈍っている人とでは、結果が全然違います。体が疲れていると、直感力はどうしても鈍ってしまうので、睡眠時間を削って頑張るのではなく、起きている時間をいかに効率よく充実させるか、という発想に転換してみてください。

私も寝る前には、ラベンダー系のスプレーを枕元に吹きかけたり、身体をゆるめるストレッチをしたりして、質のいい睡眠をとれるように、意識しています。パジャマや枕、シーツ、マットレスなどの寝具にも、ぜひこだわってみてくださいね。

◎掃除

私は、お部屋を居心地のいい空間にすることを、とてもこだわっています。目に映るものがごちゃついていると、実は、自分でも気づかないくらいの、小さなストレスを受けていることに、気がついたからです。小さなストレスでも、ちりも積もれば山となるというように、気づかぬストレスになっているのです。実は、掃除自体はあまり好きではありません。しかし、心地いい空間で、気持ちよく過ごすには、掃除は避けて通れません。なので私は、お掃除ロボットや、便利な掃除グッズをフル活用しています。ときには人にお願いしたり、ハウスクリーニングも利用したりして、とにかく自分が楽しくない時間は、1秒でも短くする工夫をしています（笑）。ただ、掃除のような単純作業は、無心になりやすく、瞑想効果もあると言われています。苦手じゃない方は、ぜひお掃除の時間を、有効活用してみてくださいね。

◎湯船につかる

世界一のセラピスト、川上拓人さんから「波動を上げるコツは、毎日お風呂につかること」と聞いて以来、毎日湯船につかるのが、習慣になりました。実は、以前はシャワー派で、掃除が面倒だし、一人暮らしなのにお湯がもったいないと感じていました。ですが、それって「思考」で、自分を大事にできていなかったな、と思います。お風呂に入ると、なぜいいかというと、睡眠の質が格段に上がり、ぐっすり眠れるから。睡眠の大切さは、一つ前でもお伝えしましたが、シンプルに身体の調子がいいと、波動は上がります。また、湯舟につかった瞬間の「気持ちいい〜」と身体がゆるむとき、実はとってもいい波動が出ているんですよ。私は、日本酒と塩（粗塩）をたっぷり入れて入浴しています。どちらも浄化作用があり、身体も温まったり、お肌もすべすべになったりと、いいこと尽くめです。

◎換気・浄化

朝起きたら、換気することを習慣にしています。以前、忙しくなって、つい換気を忘れていた時期があったのですが、部屋に置いていた厄除《やくよ》けの岩塩が、半分くらい溶けてしまって、驚きました。また、数日間家を空けていたら、丈夫なはずの観葉植物の葉が、ほとんど落ちてしまったことも。「気を動かす」という意味でも、換気はとても大切にしています。ホテルやカラオケルームなどでも、換気は欠かせません。

空気を浄化するために、ホワイトセージのスプレーも自分で作って、よく部屋に撒《ま》いています。よく使うものや、自分自身にもふりかけて、オーラの浄化を行っています。

◎わくわくフォルダ

スマホに「わくわくフォルダ」「夢フォルダ」をつくって、行きたいお店、旅行先、住みたい場所、好きな芸能人、好きな服、会いたい人など、心躍るいろいろな画像を、すべて詰め込んでいます。定期的に見返して、潜在意識にインプットさせるのですが、このとき、叶ったシーンを想像して、ニヤニヤ、ワクワクすることで、現実化が加速します。また、ノートやスマホの日記アプリに、未来の日付を設定して、理想の自分になりきって書く、引き寄せ未来日記も書いています。叶った自分をリアルにイメージすると、それだけでも至福の時間になりますし、現実化も加速します。

KIKO'S TIPS

小さな日常の習慣が
理想の現実につながる

おわりに

最後まで読んでいただき、ありがとうございます。いかがだったでしょうか？あなたが何かに悩んだら、「とりあえずこの本を開こう」と思い出してもらえる、お守りみたいな本になるといいな、と思いながら書きました。

私自身、現実で悩みが出てきたときや、つらいことが起こったときは**「これって潜在意識でどういうことが起こっているんだろう？」**と考えるようにしています。
元々落ち込みやすく、悩みやすい性格で、笑っているよりも、泣いているほうが多い子ども時代でした。でも、今考えると、私の思考グセが、ネガティブな現実を引き起こしていたのです。あるときから、外側の問題解決を目指しても、意味がないことに気がつき、潜在意識を変えて、現実を変えることが、一番の近道だと知ったのです。本当にそうなのかを証明するために、自ら体を張ったチャレンジを、たくさんしてきました。それを「バンジー」と呼び、私の実験結果をみなさんに共有したのが、この一冊です。

「私の潜在意識の、どういうブロックが、この出来事を起こしているんだろう？」という、ゲーム感覚の視点を持つと、それだけで、内向きに狭くなっていた見え方から、「研究者としての私」の視点で、出来事を俯瞰《ふかん》できるようになります。その見方のおかげで、ずいぶんと生きるのがラクになれたな、と感じています。私の実体験エピソードもたくさん収録したので、ある意味、この本が私のゲーム実績のような形になったと思っています。

まだ、私もすべてが分かったわけではありませんが、知れば知るほど、人生に起きる事って、全部、潜在意識が起こしているんだ、ということを、実感しています。そう思えたら、どんな出来事も、必ずいいことにつながっているんだな、と思えました。嫌な出来事が起こっても、「この嫌な出来事から、私はどんないいことを得られるんだろう？」というふうに、視点が変わったんです。そんなふうに、**「どんな出来事も最終的には、絶対ベストな方へ行く」**と思えたことで、生きる上での、根底にある前提が「不安」から、「安心」に変わりました。安心感の上では、いろんなチャレンジもでき、その度に自己肯定感も上がり、自分の想像以上の現実を、体験させてもらっています。改めて、この本の中のひとつでも、なにか今のあなたの人生のヒントになることがあれば、嬉しいです。そして、あなたはいつでも潜在意識に守られていること、人生は思いのままに創れることを実感してもらえれば、こんなに嬉しいことはありません。

２０２３年４月　ＫＩＫＯ

KIKO　（きこ）

YouTubeチャンネル登録者10万人超の現実主義スピリチュアルカウンセラー。13歳で能力に目覚める。守護霊やハイヤーセルフと繋がりながら、具体的な行動面・マインド面の両面からアドバイスをするカウンセリングが得意。大手証券会社勤務、サロン経営など豊富なビジネス経験を活かした、スピリチュアルと現実との両面からアプローチできるバランス感覚が強みで、数多くの会社経営者、芸能人からも厚い信頼を得ている。現在はYouTubeでの発信をはじめ、オンラインサロンの運営、執筆活動など幅広く活躍中。著書に『「風の時代」は好きなことで稼ぐ　私のままで輝くためのチューニング法』、『マンガでわかる　ハイパー守護霊さんが教えてくれた覚醒するための30のルール』（以上、KADOKAWA）がある。

- 公式YouTube　https://www.youtube.com/c/KIKOchannel11
- 公式LINE　@rnz8146z
- Instagram　@spirit_kiko

潜《せん》在《ざい》意《い》識《しき》とつながる超《ちょう》実《じっ》践《せん》法《ほう》

全《ぜん》部《ぶ》叶《かな》う「新《あたら》しい私《わたし》」の教《きょう》科《か》書《しょ》

2023年5月1日　第1刷発行

著者　KIKO《きこ》
発行者　佐藤　靖
発行所　大和《だいわ》書房
東京都文京区関口1-33-4
TEL　03-3203-4511
ブックデザイン　bitter design
本文印刷　信毎書籍印刷
カバー印刷　歩プロセス
製本所　小泉製本

ISBN978-4-479-77242-2
乱丁本・落丁本はお取り替えいたします
https://www.daiwashobo.co.jp